AF503789

SOCIÉTÉ
des
SCIENCES MORALES
DES LETTRES ET DES ARTS
DE
SEINE-ET-OISE

Versailles, le 14 Juin 1912.

Visite du Château de Maisons=Laffitte

Cette visite aura lieu le Samedi 22 Juin 1912

Le château de Maisons-Laffitte, transformé en musée, doit être inauguré au mois de juillet de cette année.

Notre collègue M. ENGRAND, président de la Société des Amis de Maisons, a obtenu de l'Administration des Beaux-Arts l'autorisation pour notre Société de le visiter le *Samedi 22 Juin*. Il donnera, au cours de la visite, toutes les explications concernant son histoire.

Les Dames sont spécialement invitées à cette visite.

Les membres de la Société se rendront individuellement à Maisons, l'avantage du billet collectif étant négligeable.

Départ de Versailles-Chantiers, 1 h. 5.

Arrivée à la gare de Maisons-Laffitte, 2 h. 6.

Départ de Maisons-Laffitte, 4 h. 32.

Retour à Versailles-Chantiers, 5 h. 52.

(Prix du billet, aller et retour, 2ᵉ classe : **3 fr. 60.**)

Départ de Paris-Saint-Lazare, 1 h. 25.

Arrivée à Maisons-Laffitte, 1 h. 59.

Départ de Maisons-Laffitte, 4 h. 56.

Retour à Paris-Saint-Lazare, 5 h. 29.

Les personnes désireuses de ne pas faire le trajet à pied de la gare au château trouveront à la gare des voitures (4 personnes), au prix de 2 francs (pourboire compris). Même prix pour le retour.

Prière de se trouver à la gare des Chantiers à midi 50.

LE

CHATEAU DE MAISONS

PARIS. — TYPOGRAPHIE SIMON RAÇON ET COMP., RUE D'ERFURTH, 1.

Côté de la Rivière.

Plan et Elévation, du Château de Maisons.

Clémence del.   Clémence et Tourcaty sc.

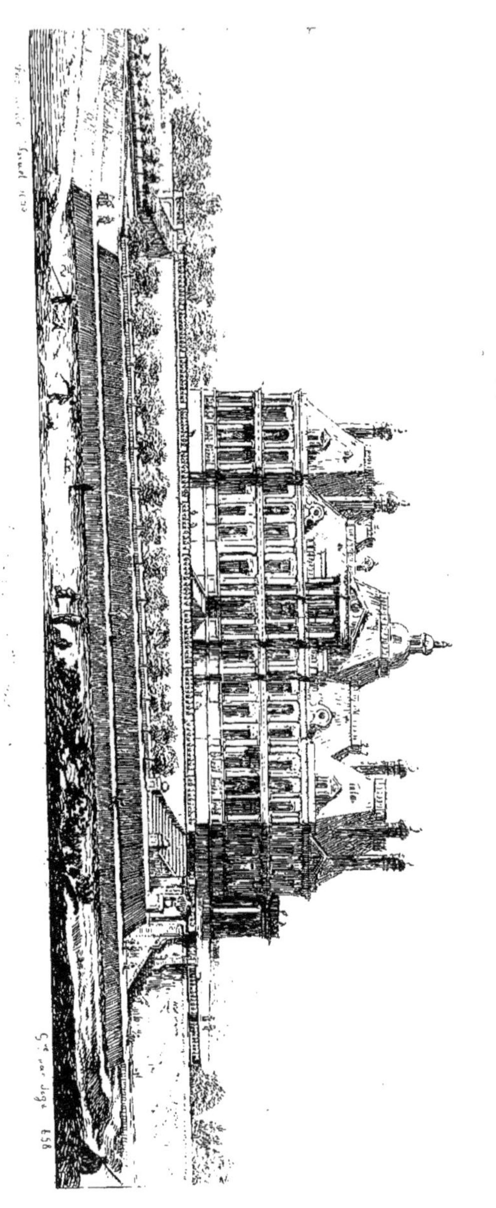

LE CHATEAU
DE MAISONS

SON HISTOIRE

ET

CELLE DES PRINCIPAUX PERSONNAGES QUI L'ONT POSSÉDÉ

PAR

HENRI NICOLLE

PARIS

LEDOYEN, LIBRAIRE-ÉDITEUR

PALAIS-ROYAL, 31, GALERIE D'ORLÉANS

Droits de reproduction et de traduction réservés.

1858

LE CHÂTEAU

DE MAISONS

CHAPITRE PREMIER

LES LONGUEIL ET LES DIFFÉRENTS PROPRIÉTAIRES
DU CHATEAU DE MAISONS.

Antiquité des Longueil. — Blanchard et d'Hozier en contradiction. — Le premier seigneur de Maisons de cette famille, président au parlement de Paris en 1418. — La sépulture des Longueil en l'église des Cordeliers de Paris. — Succession des propriétaires du château de Maisons.

La seigneurie de Maisons était depuis deux siècles déjà dans la famille Longueil, lorsque René de Longueil, alors président à mortier au parlement de Paris, conçut, en 1642, le projet de faire bâtir le château dont nous allons nous occuper ici, et dont la construction ne fut terminée qu'après neuf années de longs travaux, en 1651.

Un mot d'abord sur cette famille ; la description du château viendra en son lieu.

Les Longueil sont originaires de Normandie et prennent leur nom du bourg, château, seigneurie et châtellenie de Longueil, près Dieppe.

Ils portent d'azur à trois roses d'argent, au chef d'or chargé de trois roses de gueule.

Dans sa *Généalogie des présidents*, Blanchard avance que les anciens seigneurs de Longueil avaient toujours fait profession de l'épée, jusqu'à Jean, deuxième du nom, qui, en 1418, sous Charles VI, fut établi troisième président au parlement de Paris.

Le premier des Longueil dont il trouve trace, comme le premier homme du monde, s'appelait Adam. En 1066, il accompagne Guillaume, à la conquête de l'Angleterre, et se signale à la bataille de Londres, en qualité de chevalier banneret. — Après ce héros, et jusqu'au treizième siècle, le même auteur avoue que la filiation qu'il donne est incertaine ; mais, à la date de 1269, il affirme un Guillaume de Longueil qui aurait été chambellan

de Charles de France, comte d'Anjou, roi de Sicile,
et à compter duquel il n'y a plus rien d'obscur,
pour lui, dans la descendance des Longueil.

D'Hozier conteste l'ancienneté de cette famille et
lui dénie l'illustration des armes. Il s'exprime ainsi
dans un *Mémoire généalogique sur et contenant les
véritables origines de messieurs du Parlement* [1],
à l'article Longueil :

« Quelque origine noble et ancienne que l'on
tâche de donner à cette famille dans la généalogie
qui en est imprimée dans le même catalogue du
Parlement publié par Blanchard, toute cette noblesse se réduit à Guillaume de Longueüil, receveur
de la vicomté d'Auge l'an 1400, et que l'on sait que
son père, qui étoit de la ville de Dieppe, fournissoit
des denrées au camp de Charles le Mauvais, roy de
Navarre et comte d'Évreux, lorsqu'il faisoit la guerre
en Normandie au roy Jean son beau-père, 1355.
— Jean de Longueüil, son fils, conseiller au Par-

---

[1] Manuscrit de la Bibliothèque impériale du Louvre. — Ce manuscrit
porte sur la première feuille : « L'original de ce Mémoire a été fait au
mois de may 1706, pour le roy, qui m'en fit donner l'ordre par monseigneur de Chamillart, controlleur général des finances, ministre et secrétaire d'État et favori. *Signé* : D'Hozier (Charles-René.) » — Et en note,
au-dessous : « L'original de ces cahiers est demeuré entre les mains de
M. de Chamillart, à qui madame de Maintenon les avait donnés à garder. »

lement l'an 1411, fut père de Jean de Longueüil, seigneur de Maisons, aussi conseiller au Parlement et lieutenant civil de la prévôté de Paris l'an 1430, et c'est de lui qu'est issu au cinquième degré René de Longueüil, seigneur de Maisons, président à mortier, surintendant des finances et ministre d'État. — Le président de Maisons est son petit-fils [1]. »

Mais d'Hozier était l'homme de la cour, et, lorsqu'il s'occupe du Parlement, on peut le croire disposé à diminuer l'importance de ses membres.

Quoi qu'il en soit, il ressort de cette discussion que les Longueil datent de loin, et que si, à des époques contestées, ils ont porté l'épée, c'est surtout à la robe qu'ils doivent leur principal lustre.

Nous nous en tiendrons donc, pour ce qui nous concerne, à ce Jean, deuxième du nom, comme l'appelle Blanchard, et à partir duquel nous voyons

---

[1] Nous relèverons quelques inexactitudes de ce mémoire. — Jean de Longueil fut conseiller en 1399, et non en 1411; il devint même président en 1418; la note n'en fait pas mention. — C'est au sixième degré, et non pas au cinquième, que René est issu du lieutenant civil de la prévôté de Paris, qui, dans la généalogie de la famille, est le cinquième des Longueil de la ligne directe; René en est le douzième. — Ces inexactitudes portent à mettre en doute la sincérité de d'Hozier sur d'autres points.

que les deux généalogistes tombent d'accord. C'est
en effet ce Jean de Longueil qui, le premier de la
famille, porta le titre de seigneur de Maisons; et
nous savons qu'il l'acquit des seigneurs de Gau-
court, vers 1390, ce qui justifie ce que nous avons
avancé, qu'en 1642 la possession de cette seigneurie, chez les Longueil, remontait à deux siècles
déjà.

Le nouveau seigneur de Maisons à cette époque
était un homme considérable et possesseur de grands
biens. Il avait eu les terres de Longueil, Varangeville, Offrainville et la Rivière de la succession de
ses ancêtres, et du chef de sa femme celle du
Ranchet. Nous rapportons le nom de ces terres,
parce qu'elles constituèrent, par la suite, des
titres de seigneuries aux branches collatérales,
au nombre de sept, de la famille, et leur servi-
rent de nom.

Ce Jean de Longueil, le premier des siens aussi,
vint habiter Paris; il commença le renom des
Longueil dans les parlements, ou, comme le dit
son panégyriste, « conjoignit la noblesse d'armes
qu'il possédoit d'extraction, avec celle de la justice
qu'il acquit par ses mérites. » Il fut conseiller au
Parlement en 1399, et en 1418 président, « dont il

fit la fonction avec honneur pendant un temps plein de calamités et de guerres civiles. » C'était alors que la France était déchirée par les factions des Armagnac et des Bourguignons, qui se livraient bataille au cœur même de Paris. — Il mourut en 1430, le 21 mars, laissant l'exemple d'une belle vie de magistrat à ses fils qui le suivirent en parvenant, les uns aux dignités de leur ordre, les autres en devenant de savants légistes, si l'on en croit une *vie de Christophe Longueil* en latin, *vita Christophori Longolii, qui obiit anno* 1522, mentionnée dans la bibliothèque du père Lelong comme étant au devant des ouvrages de Longueil [1], et attribuée, suivant le même auteur, au cardinal Polus.

Mais, jusqu'au dix-septième siècle, nous n'avons pas à nous occuper des Longueil, qui héritèrent de la terre de Maisons, et l'agrandirent progressivement, ainsi qu'en font foi de très-vieux titres de propriété déposés aux archives de la couronne. Un seul fait, relatif au Jean Longueil dont nous venons de parler, doit être relevé.

Par le moyen de son alliance avec Jeanne Bouju, fille de Jean ou Jacques Bouju, sieur du Ranchet,

---

[1] Parisiis, Badius, 1535.

conseiller au Parlement, et de Gilette de Chante-
prime, — une chapelle de l'église des Cordeliers
de Paris entra dans la maison de Longueil et lui
servit de lieu de sépulture. Le président y fut en-
terré.

L'église des Cordeliers, une des plus vastes de
Paris, — elle avait trois cent vingt pieds de long
sur quatre-vingt-dix de large, — était située à l'endroit où se trouve maintenant la place de l'École de
Médecine. Elle fut supprimée en 1790 et démolie
depuis. Les jardins de la Clinique et le Musée
Dupuytren faisaient partie du monastère y attenant.
Le bâtiment utilisé pour le musée Dupuytren était
le réfectoire même des moines cordeliers. Il est à
croire qu'ils n'y mangeraient point aujourd'hui
d'aussi bon appétit qu'autrefois.

Ceci dit, passons au président René de Longueil,
le fondateur du château. Mais, auparavant, donnons
encore la liste des différents personnages qui successivement ont possédé Maisons. Les noms de cette
liste, dans l'ordre chronologique, marquent naturellement les diverses époques du château; ils
indiqueront en même temps les divisions de notre
travail.

Après la mort de René de Longueil, qui arriva en

1677, le château eut, de père en fils, pour propriétaires :

Jean de Longueil ;

Claude de Longueil ;

Et Jean-René de Longueil, en qui s'éteignit la descendance mâle de la famille.

Cette belle demeure appartint ensuite :

Au marquis de Soyecourt ;

Au comte d'Artois, qui l'acheta en 1777 ;

Au sieur Lanchère pendant la période révolutionnaire ;

Au duc de Montebello sous l'Empire ;

A M. Laffitte sous la Restauration.

Elle est aujourd'hui dans les mains de **M.** Thomas, de Colmar, qui l'acquit en 1849 des héritiers de **M.** Laffitte.

CHAPITRE II

René de Longueil [1] est assurément la plus grande
illustration de sa famille, dont il poursuit la carrière au Parlement; mais il rompt avec la tradition
de ses ancêtres. Ce n'est plus le magistrat tel qu'on
se le représente, cette grande figure qui emprunte

---

[1] René est le deuxième fils de Jean de Longueil et de dame de l'Huil-
lier; son frère Jean étant décédé, sans avoir été marié, avant ses père et
mère, René continua la lignée.

à l'intégrité du caractère public et à l'autorité des
mœurs privées quelque chose de la majesté même
de la justice. Il fit ses débuts sous le cardinal de
Richelieu, alors, on peut le dire, que l'Éminence
demandait à la cour du Parlement plus de services
que de justes arrêts ; il grandit au milieu des troubles de la Fronde ; il y trouva l'apogée de sa fortune
politique, et nécessairement dut subir l'influence
de ces temps de démoralisation générale. Pauvre, il
eût peut-être conservé fièrement son indépendance,
mais il était riche, il tenait à ses grands biens ; le
cardinal en avait abattu de plus hauts que lui, il
fut complaisant, et le maître le récompensa. Très-
jeune encore, il pouvait avoir de vingt-deux à vingt-
quatre ans, de conseiller au Parlement il devint
conseiller au grand conseil en 1618, puis premier
président à la cour des aides le 7 mars 1620, et
président à mortier en 1642[1], l'année même de la
mort du cardinal.

Les services cependant qu'il rendit ne sont pas
de ceux que l'histoire enregistre, et ce n'est qu'à
partir de la minorité de Louis XIV qu'on voit sa
personnalité s'élever à la hauteur d'un rôle politique. Arrêtons-nous à l'année 1642.

[1] *Gazette de France.*

Si M. de Longueil était dans la vie publique un
ambitieux et un homme de peu de conscience,
c'était, en son particulier, un seigneur tenant haut
son rang et sa distance, d'aspect grave et courtois,
de bel esprit néanmoins, un peu sceptique, aimant
le plaisir, la table et le jeu, mais sachant couvrir
ses vices, ses défauts et ses faiblesses d'un vernis
de bon air qui les célait aux gens d'en bas et le
faisait passer, parmi ses égaux, pour un noble vivant, un délicat et un homme de goût. Homme de
goût, il l'était tout à fait, et en donna la preuve en
choisissant Mansart pour son architecte, lorsqu'il
voulut construire son château [1].

La construction de ce château était un projet
qu'il caressait depuis longtemps, et en vue duquel
il achetait à petit bruit les petites propriétés encla-
vées dans son domaine. Il voulait avoir ses coudées

[1] La maison seigneuriale que le château était appelé à remplacer avait
été acquise seulement en 1603 par le père de René de Longueil. Cela
ressort d'un acte conservé aux archives, intitulé : « Décret et adjudication
faite au Châtelet à M. Jean de Longueil, conseiller du Roy et maistre ordinaire en la chambre des comptes, de la propriété de la maison seigneuriale, et moitié par indivis de ladite terre et seigneurie de Maisons-sur-
Seine, saisis réellement à la requête de Pierre Mariette sur dame Charlotte
des Dormant, veuve de M. Antoine de Soulfouc, vivant président et en-
quêteur de la cour de Parlement de Paris. (30 aoust 1602) — Ladite adjudication faite moyennant la somme de 27,000 livres tournois, consignée
le 25 mars 1603. »

franches, et que rien ne gênât les perspectives qu'il rêvait.

Aux premières acquisitions, les paysans ne firent aucune façon pour céder à leur médiocre valeur leur médiocre bien. Ç'avait été de tout temps la manie des Longueil d'acheter dans leur voisinage pour s'arrondir ou plutôt pour isoler leur domaine; M. René ne faisait en cela que suivre l'exemple de son père, qui, lui-même, avait suivi les errements du sien. Mais, au premier propriétaire qui éleva des difficultés et près de qui M. de Longueil insista en déliant largement les cordons de sa bourse, les autres ouvrirent les yeux; force fut au président de payer la convenance. Le mystère dès lors n'étant plus nécessaire, il fut entendu que le seigneur de Maisons allait bâtir, et qu'il achèterait, avec la condition de les relever ailleurs, les demeures qui se trouvaient sur l'emplacement du château projeté. De telle sorte que le tout, comme disent les bonnes gens de campagne, finit par lui coûter bon.

Ceci conclu, table rase fut faite, et le président, un matin, vint, avec son architecte, à Maisons. L'œuvre allait commencer, le moment était solennel. L'un devant l'autre et tous les deux silencieux, ils montèrent des bords de la Seine jusqu'au sommet de la butte qui la domine. L'artiste à chaque pas faisait une pause, projetait son œil de tous côtés, puis, après avoir branlé la tête, continuait sans mot dire ; lorsqu'il s'arrêtait, le président s'arrêtait, suivait la direction de son regard, et, branlant aussi la tête lorsqu'il la remuait, partait du même pied quand l'architecte avançait d'un pas. Au haut de la colline, Mansart ouvrit enfin la bouche. « Ce sera là ! » dit-il.

Nul endroit, en effet, ne pouvait être mieux choisi pour élever son œuvre, son futur chef-d'œuvre. La Seine, à ses pieds, sert de bordure à la plaine qui s'étend des coteaux lointains d'Herblay au Mont-Valérien, et montre Paris dans ses fonds bleuâtres. Paris qui, paresseusement, au matin, sort de ses voiles de brumes, paraît blanc de lumière à midi, et, le soir, au soleil couchant, embrase toutes les flèches et tous les dômes qui sont les fleurons de la couronne murale de cette reine du monde. Sur la droite, depuis ce même Mont-Valérien, qui alors portait sa croix du Calvaire, se poursuivent, en demi-cercle, les coteaux boisés de Bougival et de Marly, dont l'aqueduc, qui désaltère les naïades de Versailles, profile sur le ciel ses arcades superposées ; puis voici Saint-Germain et sa terrasse, qui, pour un peu, si elle n'avait craint d'écraser deux petits villages blottis dans l'échancrure de la forêt, relierait sa grande ligne de verdure à Maisons. — Sur la gauche, la rivière, dont les méandres se jouent dans des îles verdoyantes, va disparaître au détour de la colline arrondie en croupe et bosselée par des frondaisons ; — courte, mais gracieuse perspective où l'œil suit les bateaux et les voit tour à tour poindre ou disparaître. C'est de ce côté, les soirs, que la voix des mariniers monte jusqu'à vous, avec le bruit du fouet et le hennissement des chevaux de hallage. Quand le lourd chaland apparaît, une fumée s'élève au-dessus de son pont; c'est le repas du soir qui s'apprête; puis une lumière, par une petite fenêtre, comme un point rouge, scintille à la coque du navire. La nuit tombe, la lune à l'horizon monte au milieu des étoiles, sa lueur incertaine découpe au loin de vagues silhouettes ; la paroisse de Sartrouville, de l'autre côté de la Seine, envoie le salut de ses cloches à l'église de Maisons qui lui répond. Le feu du bateau s'éteint, et tôt après s'éteignent ceux du village. La journée est finie ; tout bruit cesse ; le coq ne chantera plus qu'à minuit.

C'est donc à dire que tout se trouve en ce bel

endroit : la grandeur ou la pompe avec la grâce et, pour ainsi parler, l'intimité de la nature, et que Mansart l'avait bien choisi. C'était un palais en même temps qu'une maison des champs qu'il fallait à ce grand seigneur de robe qui rêvait de recevoir la cour, afin qu'après les fatigues de la représentation, le lettré, lisant Horace et Virgile, pût se reposer sous quelque ombre silencieuse, propice à la méditation, ou promener son livre dans les sentiers d'une vraie campagne.

C'est dans cette contemplation, sans doute, et dans ce moment, que Mansart, entrevoyant ses plans, dut demander à M. de Longueil carte blanche pour son génie. Or ce que le grand architecte entendait par là pouvait être ruineux ; on l'avait vu souvent, mécontent de son œuvre, faire démolir pour reconstruire. Mais cette liberté de pouvoir toujours mieux faire était sa condition *sine qua non*. De plus puissants que le président n'avaient pas voulu y souscrire ; il l'accepta, et ce fut son honneur, sa bonne fortune aussi, d'avoir laissé l'artiste maître de la disposition de ce vaste édifice et de la dépense qu'il exigerait ; cette généreuse confiance lui valut la gloire de faire naître un des plus purs morceaux dont l'architecture française s'honore.

Mansart, d'ailleurs, ne la lui fit pas trop payer; on rapporte, — et c'est un fait certain, — qu'après avoir élevé une aile du château, il la démolit pour la rebâtir sur un autre plan; mais il n'eut pas d'autre écart; ce fut donc quelques cent mille livres de plus à mettre au chapitre des dépenses imprévues; pas davantage.

Telle était l'humeur de François Mansart, grand artiste dont la réputation fut continuée, mais non point surpassée par son neveu Hardouin, à qui l'on doit les Invalides. Cette humeur, qu'on pouvait appeler, chez lui, le tourment du génie, lui coûta cher. Qu'on nous permette ici quelques détails biographiques.

Anne d'Autriche s'était adressée à son talent pour la construction du Val-de-Grâce; ceci se passait en 1645, et déjà Mansart avait démoli, au château de Maisons, l'aile droite dont il était mécontent. On disait qu'il l'avait fait sans en avertir le propriétaire; le bruit, grossi par les malveillants, en vint jusqu'à la reine, qui prit peur. Les temps étaient difficiles pour la cour, et la cassette royale, à qui les Parlements venaient de couper les sources de l'emprunt, pouvait craindre d'être entraînée, par les instabilités d'un architecte, plus loin qu'elle ne voulait s'engager. Sa Majesté remercia Mansart. On fit choix, pour lui succéder, de Lemercier, Lemuet et Gabriel, avec injonction de suivre les plans de leur prédécesseur. Malheureusement, on dit qu'ils y mirent du leur. Jacques Lemercier est l'architecte de la Sorbonne et de l'Oratoire ; on peut juger par là de ce qu'il sut faire. Pour ce qui concerne Pierre Lemuet, les critiques du temps lui reprochent d'avoir altéré les dispositions de Mansart, et surchargé le monument de sculptures trop lourdes, surtout dans la voûte. Quant à Mansart, lorsqu'on lui retira la direction des travaux, le Val-de-Grâce n'était encore élevé que de neuf pieds ; il sentit vivement l'injure, et, pour se venger, fit élever la chapelle du château de Fresnes sur les plans du Val-de-Grâce, réduits au tiers de leur proportion. Fresnes appartenait à M. Guénégaud, secrétaire d'État.

Mais cette déconvenue ne put l'engager à prendre sur soi. C'était, au reste, une exagération de conscience aussi respectable qu'elle est rare ; il la faut honorer, mais en même temps regretter ; car, dans une autre occasion, Mansart y sacrifia jusqu'aux intérêts de sa gloire.

Il s'agissait de la construction du Louvre ; Colbert, qui estimait Mansart à sa valeur, l'alla trou-

ver tout d'abord, et lui demanda des projets. Mansart accepte l'offre, et, à quelque temps de là,
ouvre son portefeuille au ministre, et lui montre
plusieurs dessins, tous très-beaux, très-magnifi-
ques. Seulement, aucun n'était entièrement arrêté ;
tous portaient, à la sanguine, à l'encre et au crayon,
le tracé de deux ou trois pensées différentes. Le
ministre approuve, il admire, et, dans son embarras à choisir, il veut s'en rapporter à la préférence
de Mansart. Que Mansart décide celui de ces traits
pour lequel il penche, et celui-là sera adopté. Par
exemple, il est indispensable que ce plan soit irré-
vocablement arrêté. Mansart comprend l'honneur
qui lui est fait ; il comprend aussi les justes exigences du grand administrateur, mais il a ses scru-
pules d'artiste que rien ne saurait vaincre, et se
retire après avoir témoigné au ministre « qu'il ne
pourrait jamais se décider à se lier les mains, et
que, pour se rendre plus digne de l'honneur que
Sa Majesté lui destinait, il voulait se conserver le
pouvoir de toujours mieux faire [1]. »

Dans toute sa carrière d'ailleurs, et dans quelque

[1] Éloge de Fr. Mansart, par Ch. Perrault : *Éloges des hommes illustres*, t. Ier, p. 87. — Éloge du même, par l'abbé Lambert, dans son *Histoire littéraire*, t. III. part. II, p. 93.

travail qu'il entreprît, Mansart se montra le même homme de conscience. Nous en trouvons la preuve à l'hôtel Carnavalet, qu'il eut ordre, en 1634, de compléter et de terminer. Au lieu de substituer sa personnalité à celle de ses prédécesseurs, qui avaient été Jean Goujon, Androuet Ducerceau et Jean Bullant, il prit soin de s'effacer devant leur œuvre, et la respecta autant que possible. Il faut croire que cette manière de procéder dans une restauration était déjà bien rare à cette époque, car elle excita la sympathie générale et l'étonnement. « En voyant cet ouvrage, dit Félibien, on ne sait lequel estimer le plus, ou l'art dont il s'est servi pour conserver, comme il l'a fait, ce qu'il y a de beau dans le portail, ou la science avec laquelle il a rebâti le devant de cet hôtel. »

M. de Laborde, dans son ouvrage sur le *palais Mazarin et les habitations de ville et de campagne au dix-septième siècle*, fait remarquer que madame de Sévigné, qui plus tard habita l'hôtel Carnavalet, n'eut pas le même respect que Mansart; il s'en rapporte à la lettre du 18 octobre 1679 de la célèbre marquise, dans laquelle on lit qu'elle fait demander par son homme d'affaires, à M. d'Agauri, en Dauphiné, « d'attaquer la vieille antiquaille de cheminée, » qui probablement blessait ses goûts de luxe moderne. Ce petit trait est curieux; il prouve que l'intelligence des lettres n'admet pas toujours celle des arts.

Malgré l'honorabilité de son caractère, Mansart, pas plus qu'un autre, ne fut à l'abri des calomnies. Il était Mazarin, il travaillait pour le cardinal; il n'en fallait pas davantage pour qu'il eût son mot dans les *Mazarinades*. Il eut mieux qu'un mot : on lui consacra toute une pancarte, avec caricature et texte explicatif. La gravure représente François Mansart, traînant après lui son attirail d'architecte et se dirigeant vers un gibet. Elle est intitulée *Mansarade*, ou *portrait de l'architecte partisan*. Après mille calomnies sur la manière dont il exécute les constructions à son profit, il est dit : « A la galerie Mazarine, il fut menacé de la corde pour châtier sa mauvaise conduite et le péril imminent où il l'avait réduite. Bref, si je voulais faire recherche des dommages qu'il a causés dans les bâtiments qu'il a faits, il faudrait un volume entier pour les contenir, aussi bien que les inventions de plafonds et de lambris qu'il se veut mêler de conduire, tous remplis de *golifichets* où il n'a préparé que des nids pour les araignées, au lieu de donner place, comme il le devait, à quelque excellent peintre, pour y produire quelque riche pensée. »

Mais ces outrages sont de ceux qui consacrent un grand homme ; ils ne troublèrent d'ailleurs en rien la vie paisible de Mansart, qui mourut en septembre 1668, à l'âge de soixante-huit ans, et ne portèrent pas davantage atteinte à son crédit, si l'on en juge par la fortune que, fils de ses œuvres, il avait pu acquérir. N'ayant point d'enfants, il institua pour légataires universels deux de ses neveux, fils de ses deux sœurs, l'un nommé de Lisle, l'autre Hardouin, et leur laissa à chacun trois cent mille livres de bien. Mais ce fut à la condition qu'ils joindraient son nom au leur, et qu'ils prendraient ses armes et sa livrée[1]. On obéirait pour moins que cela à des clauses plus désagréables. Les conditions du testament furent acceptées sans aucune réserve du bénéfice d'inventaire. L'on sait que, sous le nom de Mansart, Hardouin devint un architecte célèbre.

Parmi les monuments que le génie de François Mansart créa, il convient de citer : l'hôtel de Toulouse, — le portail de l'église des Feuillantines, — le château de Berny, — de Balleroi, en Normandie ;

---

[1] *Histoire littéraire,* par l'abbé Lambert.

— une partie de celui de Choisy-sur-Seine (que le chemin de fer acheva, l'an dernier, de faire disparaître) ; — l'église des Filles-Sainte-Marie, rue Saint-Antoine, en 1632 ; — le château de Blois, réparé en 1635 ; — celui de Gèvres et une partie de celui de Fresnes, dont nous avons parlé à propos du Val-de-Grâce. — Mais pas un ne lui fit plus d'honneur et ne lui valut plus de réputation que le château de Maisons.

Perrault, dans son *Éloge de Mansart*, dit que « le château de Maisons, dont il (Mansart) a fait faire tous les bâtiments et tous les jardinages, est d'une beauté si singulière, qu'il n'est point d'étrangers curieux qui ne l'aillent voir comme une des plus belles choses que nous ayons en France. » Et tous ceux qui depuis en ont parlé n'ont pu que reproduire le sentiment de Perrault.

A notre tour, essayons de le décrire ; aussi bien, maintenant que nous connaissons le propriétaire et l'architecte, en est-ce ici le lieu.

CHAPITRE III

LE CHATEAU.

Comment on y arrive aujourd'hui, et son ordonnance d'autrefois. — Son architecture extérieure. — Description de l'intérieur — D'où Mansart tira ses
matériaux. — Vestibule. — Deux grilles qui coûtèrent quarante mille écus.
— L'escalier. — La grande galerie du premier étage. — Les tapisseries remplacées par des peintures de M. Bidaut. — Anecdote sur ce peintre. — Le
balustre. — La chambre du roi et la chambre de la reine. — Cabinet très-
précieux. — Où se trouve l'escalier qui conduit au second étage, et ce que
sont en général les seconds étages dans les constructions du dix-septième
siècle. — La chambre de Voltaire. — Celle de la Fayette. — Les caves et
les souterrains du château. — Les eaux du jardin. — Un poëme latin sur
le château. — Morelan, maître de machines de Charles III. — Comment il
entendait la musique. — Gilles Guérin, Jacques Sarrazin, Gérard van Obstal,
et les travaux de sculpture qu'ils exécutèrent à Maisons. — Évaluation du
château.

Trois avenues en croix conduisent au château ;
l'une lui est perpendiculaire et lui sert de magnifique perspective ; elle est percée dans des massifs
profonds et se dirige vers la forêt de Saint-Germain.
Les deux autres se poursuivent en ligne droite des

deux côtés du rond-point de la grille d'honneur, et
parallèlement au château.

Les exigences du chemin de Rouen ont coupé
celle de gauche; les grands arbres et la route sablée sont remplacés, à cet endroit, par un pont, sous
lequel se croisent, en sifflant, les trains dont la vapeur monte en nuage de chaque côté et crache sa
fumée au visage des passants curieux. C'est par
cette allée, qui traverse le village comme un boule-
vard, qu'on arrive aujourd'hui au château. Une
grille se présente au point où la route de Paris coupe
l'avenue. Deux corps de bâtiment, qui jadis servaient de maisons de garde, sont posés de chaque
côté. On y reconnaît la solide architecture du temps.
La grille, par deux ouvertures, de droite et de gauche, laisse pénétrer les visiteurs, ou, disons mieux,
les passants; car actuellement cette belle allée, à
partir de là, appartient à ce qu'on appelle la Compagnie du parc de Maisons. Elle l'a réservée pour
servir de voie de communication aux villas de la colonie fondée par M. Laffitte dans le vaste parc du
château. Le milieu de l'avenue se dessine en tapis
vert, bordé de deux chemins, dont l'entretien, je
crois, est une servitude des petites maisons élevées
de chaque côté.

Mais voici le rond-point des trois avenues, voici la grille d'honneur, voici le château. Il faut l'avouer, après cette villégiature bourgeoise taillée dans la haute futaie d'un domaine princier, l'aspect du château a quelque chose de saisissant. On était à son aise, le chapeau sur la tête comme à la Bourse, le cigare aux dents comme au champ de course; le grand siècle apparaît, on devient presque honteux de rester coiffé, et l'on croit sentir que le cigare est déplacé. En effet, le suisse va venir avec sa hallebarde; car là-bas, près du perron, entre la grande livrée, sur deux lignes rangée, le carrosse chargé de laquais s'ébranle; le piqueur court devant; de l'autre côté, le cor résonne, et le gros des chasseurs, vêtus de rouge, au milieu de la meute qui aboie, caracole sur des chevaux impatients. Le seigneur va passer... « Ah! monseigneur, excusez-nous! »

Mais tout ceci n'est qu'un souvenir évoqué; — cette première impression passée, on examine curieusement. Deux gros pavillons, ornés de corps de refend et de colonnes doriques, accompagnent la grille et supportent des groupes d'enfants. Ces pavillons fermaient autrefois les deux avant-cours, à présent remplacées par un parterre de verdure bordé de deux allées de marronniers, — qui s'étend jusque devant le château. On aura une idée de ce parterre en disant qu'il peut avoir, en son rectangle, la contenance de trois hectares.

Avançons. Sur la gauche, on aperçoit un reste de bâtiment, une sorte de ruine à cette heure; c'étaient autrefois les écuries; nous y reviendrons plus tard.

Au détour du parterre, l'œil, à gauche encore, suit la déclivité du terrain, qui se creuse et ondule en vertes pelouses, semées de bouquets de bois, jusqu'à la Seine, au delà de laquelle la plaine cultivée s'étend; — quelques clochers y pointent au milieu de leur village; les collines bleuâtres estompent les fonds sur le ciel. Le point de vue est admirablement ménagé. A droite, l'église de Maisons, toute couverte de lierre, a son prix dans le tableau; et, près de ces beaux lieux qui ont vu passer les puissants de la terre, son humilité chrétienne n'est pas sans éveiller quelque pensée sérieuse.

Devant nous, le château découpe ses purs profils sur le ciel même. Le paysage l'accompagne, mais il le domine. C'est la coquetterie des grandes beautés, qui, belles de leur nudité, comme les marbres antiques, dédaignent les artifices du voile et de la draperie.

Une façade qui présente les ordres dorique et ionique surmontés d'une attique; deux pavillons carrés qui en occupent les extrémités et qui forment des corps avancés, au milieu desquels s'élève, à la hauteur de l'entablement dorique, deux autres corps de bâtiment, servant de terrasses, — voilà l'ensemble, voilà la cour d'honneur.

On parvient aujourd'hui de plain-pied à cette cour d'honneur, et sans que rien la sépare du parterre et des avenues. Dans le principe, un fossé, qui faisait le tour du château, n'y laissait arriver que par un pont-levis. Ce fossé, avec revêtement de pierre et balustrade découpée, fut comblé de ce côté. On le regrette en appréciant l'élégance qu'il donne au château sur les trois autres faces où il a été conservé.

Le détail de cette première façade est très-gracieux. Comme on l'a vu, son architecture se compose de deux ordres superposés; le premier, qui règne sur tout le pourtour, est dorique; le second est ionique, orné de quatre vases et surmonté de l'attique. Les fenêtres encadrées montrent dans leurs frontons des ornements dont le choix n'est pas moins admirable que la justesse des proportions de toutes les lignes de l'édifice; ce sont, pour la plupart, des aigles ou des femmes, en regard, qui se terminent, à la manière des sphinx d'Égypte, en corps allongés de quadrupèdes, lions ou chiens. Sur les côtés de la cour, Mansart avait dessiné des quinconces avec un bassin dans le milieu. L'un d'eux était terminé par une orangerie. Orangerie, bassins et quinconces n'existent plus.

La façade régnante sur les jardins ne diffère de la première qu'en ce que le milieu forme un double avant-corps, et que, par les deux pavillons, on passe sur une terrasse soutenue de colonnes doriques. — Ces colonnes ont cela de remarquable qu'elles sont d'un seul morceau et qu'elles rappellent, pour le grain et la couleur, la pierre des monuments antiques.

Mansart, au reste, soigneux du choix de ses matériaux, avait dédaigné la pierre trop molle des environs de Maisons, et avait fait venir, par eau, celle qu'il employa, des carrières de Creil.

Si nous pénétrons à l'intérieur par l'entrée de la cour, le vestibule s'ouvre à nous, tenant toute la largeur du bâtiment et ressortant par une porte vis-à-vis, sur l'autre façade. Il est décoré de colonnes et de pilastres doriques, également d'un seul mor-

ceau ; leurs cannelures, séparées par des listeaux,
leur donnent quelque ressemblance avec les colonnes des Tuileries, du côté du jardin. Les cor-
niches supportent des figures d'aigle aux encoi-
gnures et quatre lunettes ornées de bas-reliefs. Aux
quatre angles s'élèvent, sur des piédestaux ornés,
de jolis groupes d'enfants.

C'était dans cette première pièce qu'on admirait
deux grilles en fer poli, deux chefs-d'œuvre de ser-
rurerie qui font aujourd'hui partie des richesses
artistiques du Louvre. La plus remarquable ferme
l'entrée de la galerie d'Apollon ; l'autre est placée
dans le pavillon de l'Horloge[1]. Leur prix donnerait
au besoin l'idée de leur travail. Un manuscrit du
temps[2] rapporte qu'elles ont coûté quarante mille

[1] « La grille de la cour a cinq panneaux remplis par un pilastre à
double balustre, entouré d'un ornement en entrelacs et à jour ; on y voit
un satyre terminé en rinceaux et couronné par deux enfants. Le milieu de
la grille, sur le jardin, est occupé par un cartouche ovale que remplit un
caducée entouré d'épis de blé et de feuilles de chêne. » (*Voyages pittores-
ques aux environs de Paris*, par M. Dargenville, 1755.) — Dulaure (édit.
de 1786) nous apprend que la première de ces grilles est l'ouvrage d'un
serrurier français. « Elle paraît, dit-il, supérieure à l'autre, faite par un
Allemand. » Et il ajoute : « Ces deux morceaux sont jugés si précieux,
qu'on les a renfermés dans des volets de bois. »

[2] *Antiquités de Saint-Germain*, par Guéroult ; manuscrit de la bibliothèque impériale du Louvre.

écus; encore ajoute-t-il que « la somme eût été plus considérable si M. le président n'avait pas fait travailler chez lui. » — Notons ce détail en passant.

Sur la gauche, nous entrons dans un premier salon qui devait autrefois passer pour l'antichambre d'un second qui vient à la suite. Ces deux pièces n'ont de remarquable que leurs grandes proportions. Le second salon, occupant l'angle du bâtiment, jouit, par deux fenêtres percées sur chaque côté de l'équerre, d'une vue pour ainsi dire panoramique. Sa cheminée monumentale est surmontée d'un *Triomphe de Condé*, bas-relief en marbre qui ne manque pas d'une certaine valeur.

Sur la droite du vestibule se trouvent aussi deux pièces auxquelles on parvient en passant auprès de l'escalier. Ce sont la petite et la grande salle à manger. Elles sont belles; l'une d'elles possède une statue de Clodion, une Érigone[1]; mais nous n'en

---

[1] Cette salle à manger, la grande, est ce qu'elle était en 1786, à l'époque où, dans sa *Nouvelle Description des environs de Paris*, Dulaure la décrivait ainsi :

« La salle à manger est nouvellement décorée sur les dessins de M. Belanger. On y voit quatre figures grandes comme nature, placées dans des niches, sur des piédestaux peu élevés; elles représentent Cérès, sculptée par M. Oudon; Vertumne, par M. Boizot; Érigone, par M. Clodion, et Flore, par M. Foucou. »

dirons rien de plus, pour revenir plus vite à l'escalier.

Cet escalier, suivant nous, est une merveille d'architecture, le bijou du château. Quelle simplicité,
cependant, dans les lignes et dans l'ornementation !
Mais, on l'oublie trop aujourd'hui, la simplicité,
c'est la suprême expression de l'art, et les vrais
génies, les purs talents seuls, ont jamais pu y pré-
tendre.

Le voici donc tel qu'il est dans sa cage carrée, et
recevant son plus beau jour d'en haut, par un lan-
ternon. Ses degrés sont de pierre de liais ; sa rampe
est en pierre découpée ; il se brise en quatre paliers
et monte lentement le long des quatre murailles de
sa cage ; — quatre murs nus, mais

> Nus comme un mur d'église,

aurait dit de Musset ; blancs de leur blancheur
de pierre et beaux de la simple beauté de leur sur-
face polie, jusqu'à la hauteur du premier étage.
Seulement, à cette hauteur, une ligne droite, une
plinthe si l'on veut, file le long des murailles et
marque une large corniche sur laquelle jouent
quatre groupes d'enfants ; — c'est tout. Mais ces

enfants ainsi posés au milieu de chaque côté ac-
quièrent une telle importance, que l'œil, charmé par
le contraste, y revient toujours et ne se lasse pas
d'admirer leur grâce très-réelle. Ce ne sont point en
effet de ces amours trop bien appris, qui sourient,
comme des danseuses d'Opéra, aux attributs qu'ils
portent avec des ronds de bras et des poses de commande. Sans doute ils s'occupent de leurs attributs;
il le faut bien, puisqu'ils doivent représenter, le
premier groupe, les trois arts de la peinture, de la
sculpture et de l'architecture; le deuxième, un
concert; l'autre, l'hymen et l'amour; et le dernier,
l'art militaire; — mais ils le font un peu en écoliers
loin de l'œil du maître; — ils sont là, ceux du fond,
assez graves et convaincus de leur importance;
mais les autres, — les professeurs de l'école en
rougiraient pour eux, — les autres, jambe de ci,
jambe de là, pendantes sur le vide, par-dessus la
corniche, se tiennent comme de vrais espiègles
qui, sans souci du danger, dont nous tremblons
pour eux, prennent leurs ébats sur le parapet des
quais. — Et sont-elles assez heureuses, ces petites
jambes rondes qui rompent, sans en détruire la
ligne, la monotonie de la corniche et donnent quelque agrément à la sévérité des grandes surfaces mu-

rales ! — Ah! c'étaient de grands maîtres que ces modestes artistes du siècle de Louis XIV, qui faisaient des chefs-d'œuvre; et nous savons plus d'un glorieux de nos jours qu'on voudrait renvoyer à leur école.

Cet escalier s'arrête au premier étage. A droite est l'appartement de la reine, à gauche celui du roi Ces désignations leur viennent des hôtes qu'ils ont reçus à différentes époques. Louis XIV d'abord, Louis XV, puis Louis XVI avec Marie-Antoinette, rendirent visite au château de Maisons; — nous en parlerons plus loin.

L'appartement de la reine est fort simple. Celui du roi est plus curieux, et se compose de deux pièces. On entre d'abord dans la salle des gardes, longue et belle galerie éclairée par six fenêtres; elle comporte une tribune au-dessus de l'entrée, et, à l'autre extrémité, une grande arcade avec une balustrade qui ferme la partie où est la cheminée. Elle était autrefois tendue d'une tapisserie donnée à M. de Longueil lorsqu'il était chancelier de la reine mère [1]. Ce qu'est devenue cette tapisserie et quand elle a été enlevée, nous ne pourrions le dire.

----

[1] Il s'agit ici de Jean de Longueil, fils aîné de René de Longueil.

Avant M. Laffitte, elle avait été déjà remplacée par des glaces, et, dans la restauration que ce propriétaire fit faire vers 1840 par M. Peyre, son architecte, les glaces elles-mêmes cédèrent la place à des peintures de M. Bidaut. On trouve l'éloge de ces paysages dans une notice sur le château de Maisons ; nous ne saurions être aussi poli. M. Bidaut fut toujours, en peinture, une intelligence étroite et un maigre pinceau ; on ne connaît guère de lui qu'un bon, — je ne dis pas tableau, — mais qu'un bon trait, qui par lui-même et comme anecdote académique vaut bien une parenthèse.

Le peintre est marié ; l'épouse gémit, car M. Bidaut n'est pas assez riche pour se passer la fantaisie de ses tableaux. Une place à l'Institut, pensait la ménagère, serait une bonne chose; mais comment l'obtenir? Fort heureusement la dame a de la lecture : l'histoire de Sixte-Quint l'illumine. Elle enfonce un bonnet sur les yeux du bonhomme, le met au lit, à la diète, et fait couler, par anticipation, les larmes d'un prochain veuvage. — « Cher monsieur, va-t-elle dire à un académicien, mon pauvre mari est moribond, son élection au fauteuil vacant adoucirait ses derniers moments ; employez votre crédit auprès de messieurs vos collègues. »

L'académicien ne se compromit point en parlant de
cette visite à ses confrères; mais sa conscience le fit
voter pour le peintre agonisant. On dépouille le
scrutin; M. Bidaut est élu à l'unanimité. Mme Bidaut
avait séduit chacun des membres en particulier, et
chez tous elle avait rencontré la même conscience.
— Tel est le seul trait spirituel qu'on raconte de la
longue carrière de M. Bidaut, — encore est-il de
sa femme.

Si les paysages de M. Bidaut n'attirent point
l'attention, en revanche, la balustrade qui règne
au devant de la cheminée excite volontiers la curio-
sité des visiteurs. Que fait-elle là, et pourquoi s'y
trouve-t-elle?

Cette balustrade était un signe de distinction,
et portait le nom de *balustre*. Le balustre, comme
le dais, furent d'abord réservés aux chambres
royales. Les princesses, puis les duchesses, l'adop-
tèrent, et, de proche en proche, toute la noblesse
s'en mêla.

> ... Tous gens de lustre,
> Tous gens de dais et de balustre,

dit la *Muse royale* (janvier 1656) en parlant d'une
réunion de hauts personnages.

La galerie de Maisons, au double titre de chambre occupée par le roi et de salle appartenant à une personne noble, justifiait de son droit au balustre.

Ce ne fut pas néanmoins sans crier au scandale qu'on vit se produire cette prétention de la noblesse au balustre royal. La *Muse historique* de Loret consacre un long couplet qui se termine ainsi : *A la vanité étrange des dames de vouloir avoir des balustres dans leurs chambres comme les illustres :*

> Quoyqu'elles ne soient pas princesses,
> Ny mesme tant soit peu duchesses ;
> O ciel ! en quel temps sommes-nous ?
> Tout s'en va c'en dessus dessous !

Les chansons du temps se moquent ainsi d'un M. Barde, homme d'affaires, qui faisait l'homme du bel air :

> Barde mérite le balustre :
> Vertubleu ! c'est un homme illustre !

Ceci dit sur M. Bidaut et sur le balustre, poursuivons notre visite.

La chambre qui suit, la chambre où couchait le roi, est, à cet étage, la répétition du salon du rez-

de-chaussée dont il a été question ; elle communique à une autre chambre, située sur l'aile droite
de la cour et ornée de cariatides dans une attique
renfoncée au plafond ; on entre, à côté, dans un
joli cabinet rond, parqueté et lambrissé de pièces
de bois de rapport ou marqueteries très-artistement
travaillées. Le pourtour des murs est rehaussé de
pilastres ioniques entremêlés de glaces, et le plafond forme un dôme.

Maintenant il nous faut revenir au palier du
grand escalier pour découvrir le petit escalier qui
conduit aux étages supérieurs. Ce second escalier,
ménagé dans l'épaisseur du mur, est dissimulé par
une porte de placard. Il n'est assurément ni large
ni commode, mais il est digne des logements,
nous ne dirons plus des appartements, qu'il des-
sert. Les plus beaux châteaux, d'ailleurs, les hôtels
et les palais même du dix-septième siècle, sont
ainsi. Les architectes semblent ne s'être préoccupés
que des appartements d'honneur ; pour ceux-là,
rien n'a été ménagé, ni la place ni l'agrément ; pour
les autres, on dirait que ç'a été une condescen-
dance de leur part d'y avoir songé. Partout on
peut penser qu'ils les ont oubliés et qu'on les leur
a rappelés au moment où ils allaient présenter

les mémoires au propriétaire, qui s'écriait alors :
« Et le second étage? il n'y a pas d'escalier pour y
monter! — C'est juste, répondait l'architecte; on
en percera un quelque part, dans un mur ou dans
un corps de cheminée. — Et les chambres de ce
second étage, je n'en vois point! — Soit; s'il en
est besoin, nous en ménagerons. » Et l'on montait
de nouveau des matériaux pour élever des cloisons
et faire des planchers. Mais ces illustres architectes,
qui gardaient le secret des grandes distributions,
n'entendaient rien aux petits aménagements où
l'art moderne triomphe. Les pièces se commandent,
les jours de souffrance abondent, les couloirs som-
bres s'efforcent de servir de dégagements, et, quand
ils n'y suffisent pas, des petits escaliers tâchent de
leur venir en aide; ils sont de ci, ils sont de là, dans
le château de Maisons, et, depuis la chambre de
M. Lafayette, sur l'aile droite, jusqu'à celle de
M. de Voltaire, située dans le pavillon du milieu, il
y a de quoi s'y perdre. On visite les chambres que
ces deux hommes célèbres ont habitées, pour le souvenir qu'ils y ont laissé; mais, il faut le dire fran-
chement, si le héros de l'indépendance et le poëte
de la *Henriade* s'y sont trouvés bien, c'est qu'ils
n'étaient pas difficiles. Cependant il faut faire la

part de leur nudité actuelle. Un peu de confortable établi entre leurs quatre murs, à cette heure dégarnis, changerait sans doute leur aspect. Ce ne serait qu'une affaire de tapissier. De la fenêtre de Voltaire, la vue est à peu près celle dont on jouit du belvédère, situé juste au-dessus; elle est admirable.

Les combles, les vastes greniers et les toits du château sont curieux; mais, ce qui l'est davantage, ce sont les caves. On en compte deux étages au-dessous des cuisines, qui prennent leur jour sur le fossé, et qui, par conséquent, elles-mêmes, sont déjà au-dessous du niveau du sol; de telle sorte qu'on peut avancer que la profondeur du château en terre est égale à sa hauteur, à partir du rez-de-chaussée. Ce serait une vraie carrière à extraire s'il fallait le démolir.

Mais ce n'est pas d'un esprit tout à fait dégagé qu'on descend dans ces caves, et, sans doute, il y a plus d'un habitant du village de Maisons qui ne s'y hasarderait pas tout seul. Ce n'est pas qu'on en raconte des histoires bien circonstanciées. La tradition ne rapporte rien, mais elle se tait d'un air mystérieux; elle branle la tête et reste pleine de réticences; le champ demeure vaste aux suppositions; c'est bien plus effrayant. En somme, qu'y a-t-il? Dame, il y a qu'on allume un flambeau, on descend un premier étage, on regarde à droite et à gauche, on ne voit rien; on en descend un second, alors on aperçoit un long couloir qui se rétrécit et qui s'abaisse à mesure qu'on avance; il mène à un carrefour où le souterrain s'étoile en plusieurs branches qui se poursuivent chacune... jusqu'où? — qui l'a jamais su? — l'une jusqu'à la *Muette*, à travers la forêt, à plus de deux lieues, prétendent les bien informés, qui n'y sont de leur vie allés voir; l'autre jusqu'à la Seine; la troisième communique avec les caveaux de l'église; et celles qui sont restées inexplorées, même en imagination... celles-là. Dieu seul ou le diable connaissent à quelle issue remplie d'odeurs de l'autre monde elles parviennent. — Mais enfin que s'y est-il passé? « A-t-on fait dans le temps, de ces galeries, des oubliettes? — Peut-être. — Ou bien y a-t-on commis quelque autre crime terrible dont les preuves, sous forme humaine, y auront été cachées? — Il n'est pas impossible. — Cependant ne serait-ce pas plutôt pour se frayer un passage secret au dehors, en temps de révolution, que ces souterrains auraient été creusés? On dit que dans une année de famine, l'assaut fut donné au château par les paysans. Sous la

Terreur, des émigrés ont pu s'y réfugier, y mourir de faim ; les voûtes auraient-elles gardé l'écho de leurs soupirs ? — Il est à croire. » Et, de fait, l'ancien de la commune à qui vous en parlez est disposé à tout croire, excepté la vérité, qui, hélas ! prête beaucoup moins aux légendes à faire peur. Ces voies souterraines servaient tout bonnement aux conduites d'eau qui alimentaient les cascades du parc ; elles protégeaient les tuyaux et rendaient leurs réparations plus faciles à exécuter.

Hélas ! encore, — et regrettons-les plus que les légendes discrètes de leurs conduits, — hélas ! si nous remontons à la lumière et jusque dans les jardins du château, nous ne les retrouverons nulle part, ces cascades, ces naïades et ces belles eaux jaillissantes, — si ce n'est dans un poëme latin qui porte pour titre : Mœsonium. *Illustrimi viri, Renati de Longueil, senatus parisiensis, præsidis amplissimi,* par A. Remy [1].

Il est à croire que le malheureux poëte qui fit ces cinq ou six cents vers avait le coude percé, et qu'il attendait de M. de Longueil quelque chose à mettre sous la dent.

---

[1] Se trouve à la bibliothèque Mazarine, dans un recueil de pièces n° 1936.

Il débute ainsi :

Quis novus insolitis mentem calor ignibus implet?

C'est l'apparition subite du château de Maisons, répond-il, qui échauffe ainsi son génie, et Apollon lui-même, père des poëtes, l'invite à le chanter.

Ipse labor tuus est, Longoli...

C'est ton ouvrage, Longueil, s'écrie-t-il. Et pour s'écrier de la sorte, sans prononcer une seule fois le nom du collaborateur Mansart, le pauvre poëte devait avoir bien faim. Si le Mécène ne fut pas généreux, ce fut peut-être à cause de ce passage, qui, du reste, exaltait la transparence des eaux de son parc :

...Teque his Narcisse sub undis
Promptius igne tuo rapuisset, amabilis error.

Mais M. le président était badin, et cet *amabilis error* dut lui plaire.

Une pompe, qui depuis a été remplacée par une machine à vapeur, avait été construite, en 1681, sur le petit bras de la Seine, pour monter l'eau dans les jardins. Elle était l'œuvre d'un certain Morelan, maître des machines de Charles III (*magister me-*

chanicorum), que Louis XIV avait fait venir pour travailler à la machine de Marly [1]. C'était un original que ce Morelan. Peu de temps avant sa mort, qui eut lieu en Angleterre, il avait fait enterrer à six pieds sous terre, pour cinq mille livres de musique, disant que c'étaient *des chansons d'amour et des vanités*.

De la Seine, où nous sommes, le château se présente au sommet d'une vaste pelouse en pente; un petit pont [2] donne entrée à la propriété sur la

[1] Cette machine très-compliquée, à l'exécution de laquelle Morelan fut appelé à concourir, est l'œuvre du Liégeois Hannequin Sualem, pauvre grand homme qui ne savait pas lire, et à qui M. Touchard-Lafosse, dans son *Histoire des environs de Paris*, consacre ces lignes de réparation :

« L'inscription suivante, qu'on lit dans l'église de Bougival, sur une pierre tumulaire : *Ci-gisent honorables personnes, sieur Hannequin Sualem, seul inventeur de la machine de Marly*, etc., dément les versions qui l'attribuent à l'ingénieur Deville, qui, sans doute, ne fit que s'emparer de la découverte, ainsi que de l'honneur et du profit. Il paraît que, loin d'avoir vécu heureux après l'exécution du grand travail qu'il avait conçu, Sualem mourut à Bougival, abreuvé d'amertume et de dégoût. »

Morelan, lui, mourut aveugle.

[2] Ce petit pont présente quelque analogie avec le pont des Saints-Pères : comme lui il a des arches en fer dont les différentes nervures sont reliées par des cercles de fonte. C'était une nouveauté, en 1822, lorsque M. Laffitte le fit construire. L'honneur en revient à M. Cordier, alors ingénieur en chef du département, qui l'exécuta en six mois, et en fit l'objet d'une brochure publiée à Versailles la même année. Il entra pour 10,000 francs de fer et de fonte dans chaque arche de ce pont, qui en a deux.

grande route, et, par une allée sablée de parc anglais, on arrive, en contournant la pelouse, devant
son élégante façade. Le coup d'œil est ravissant; il
n'est pas de voyageur traversant la Seine en chemin
de fer dont il n'attire le regard par la portière du
waggon.

Autrefois, sans doute, il était plus grandiose,
mais il n'était pas plus gracieux; mieux que les
abords de pierre, la verdure rehausse un monument. Autrefois, le long du bâtiment régnait une
magnifique terrasse d'où l'on descendait dans un
parterre terminé par la Seine. Au pied de la terrasse,
entre les rampes de l'escalier en forme de fer à cheval, s'écoulait une cascade divisée en cinq maca-
rons, qui formaient autant de nappes. De ce même
côté, quelques salles, ornées de figures de marbre,
étaient plantées.

Si maintenant nous reconstruisons tout cela par
la pensée et jetons un dernier coup d'œil d'ensemble sur cette magnifique construction;

Si nous songeons que les détails de l'ornementation, tant extérieure qu'intérieure, ont été confiés
aux maîtres d'alors;

Gilles Guérin fit les quatre bas-reliefs représentant les quatre parties du monde qui sont dans le

vestibule ; toute la sculpture de la cheminée de la grande salle d'en bas, et celle de la cheminée de la galerie où l'on remarque de grandes figures de nymphes qui portent sur leurs têtes des corbeilles de fleurs, accompagnées de plusieurs enfants avec des festons et des cornes d'abondance ;

Jacques Sarrazin donna les modèles des groupes d'enfants du vestibule, qui furent exécutés par Buyster, qui sculpta aussi la porte d'entrée ;

Et Gérard van Obstal fit toutes les gracieuses sculptures de l'escalier [1] ;

Or ce van Obstal fut un des douze anciens ou professeurs qui ont jeté les fondements de l'Académie royale de peinture et de sculpture ;

Gilles Guérin fut conseiller professeur, Jacques Sarrazin recteur, et Philippe Buyster sculpteur et professeur à la même Académie royale ;

Si nous rappelons encore ce détail noté plus haut en passant, que les deux portes du vestibule ont coûté quarante mille écus ;

Et si, tout ceci bien considéré, nous nous demandons à quelle somme a pu monter la dépense d'un pareil monument, nous répondrons qu'elle dut être

---

[1] *Mémoires inédits sur les membres de l'Académie de peinture et de sculpture*, Paris, 1854.

énorme, sans pouvoir malheureusement en donner le chiffre exact. Nos recherches, à cet égard, quelque minutieuses qu'elles aient été, sont restées sans résultat. Les architectes de nos jours estiment qu'à l'heure qu'il est la construction de Maisons coûterait au moins douze millions. En tenant compte du prix de revient de toutes choses, qui a plus que doublé, le mémoire de M. de Longueil aurait été de six millions, chiffre encore fort respectable.

Avec quelles ressources ce simple président à mortier au parlement de Paris a-t-il pu couvrir cette dépense royale? C'est ce que nous dirons dans le chapitre suivant.

CHAPITRE IV

Comment et de quels deniers M. de Longueil paya
son château de Maisons, — c'est ce qu'il est assez
difficile d'établir.

Les uns veulent qu'il ait fait démolir son hôtel

de la rue des Prouvaires à Paris, et que dans les
fouilles qui s'ensuivirent les ouvriers aient décou-
vert au fond d'un caveau quarante mille pièces d'or
frappées au coin de Charles IX. Ce trésor aurait
servi à bâtir le château.

Les autres veulent que ce soit avec l'argent qu'il
aurait mis de côté pendant le peu de temps qu'il fut
surintendant des finances.

La première version tombe dans le fantastique;
la seconde ne laisse pas que de porter atteinte à la
probité du seigneur de Maisons. Laquelle des deux
est vraisemblable? Le lecteur jugera.

Richelieu mort, M. de Longueil subit la disgrâce
commune à tous ceux qui avaient servi le cardinal;
la chute du parti des Importants le remit en cour;
puis la Fronde arriva. La lutte, comme on sait, était
établie entre la royauté et le parlement. Fidèle à
l'habitude qu'il avait contractée de ménager ce qu'on
appelle vulgairement la chèvre et le chou, René de
Longueil joua le rôle de conciliateur, donnant une
main à la cour et l'autre au parlement. Aux uns il
disait : « Je suis à vous; » aux autres : « Ne suis-je
pas des vôtres? »

Cette qualité lui valut, en 1649, l'honneur d'être
envoyé par le parlement et d'être accepté par la

cour pour négocier, à Ruel, le retour du roi dans Paris. Son nom figure sur le traité de paix du 12 mai de cette année, qui mit à néant tous les actes du parlement pendant la révolte et rendit le roi maître de toutes choses, comme par le passé.

Là-dessus le roi fit sa rentrée le 18, — et ainsi finit le premier acte de la Fronde.

Pour la part qu'il y avait prise, M. de Longueil, qu'on nommait déjà M. de Maisons avant que cette seigneurie fût élevée en marquisat, pour lui en faire un beau titre, M. de Longueil, président de Maisons, méritait une récompense. C'est alors qu'il songea à la surintendance des finances, et que ses amis s'employèrent pour la lui faire obtenir. — Une première fois il échoua ; une seconde, il fut plus heureux. Mais ce fut toute une comédie qui vaut qu'on la rapporte.

Lorsque M. de Maisons se mit sur les rangs pour la charge de surintendant, le retour du roi n'avait pas changé grand'chose aux affaires ; elles marchaient mal ; les finances surtout étaient en grand désordre, et le ministre songeait à faire revenir d'Émery, le seul homme, à son sens, capable de les remettre en état. Seulement Mazarin, qui savait que d'Émery, sacrifié l'année précédente au parlement, était des plus impopulaires, et qui n'ignorait pas davantage le degré négatif de sa propre popularité, se gardait de témoigner son désir. En Italien rusé qui connaît les hommes, il le cachait sous le faux semblant d'un bon accueil aux postulants, se disant que, s'il paraissait abandonner son favori, ses adversaires ne manqueraient pas de s'écrier : « Il ne veut pas de d'Émery, pourquoi n'en voudrions-nous pas ? » Mais, s'il était le sourire de bienvenue, le ministre chargeait quelqu'un d'être le refus brutal, et ce quelqu'un, qui obéissait sans connaître le dessous des cartes, était l'oncle du roi, le duc d'Orléans lui-même, dont la voix, sur ce chapitre, comptait au conseil.

M. de Maisons, tout radieux d'espérance, tombait bien avec sa prétention, qui fut présentée en conseil. Naturellement, le ministre s'écrie : « Le président, eh ! voilà notre surintendant ! » Et le duc de répondre par une opposition formelle. La séance levée, le cardinal va prendre les mains du président, il est désolé, il exprime tous ses regrets, mais qu'y faire? « Hélas! Monsieur ne l'a pas voulu ! »

Cette conduite paraît suspecte néanmoins, et ne tarde pas à être percée à jour par les amis de M. de Maisons, qui sont influents et veulent avoir leur re-

vanche. Parmi ces amis, était une amie, madame de
Sablé, la même qui avait fait épouser à son fils la
fille du chancelier, et qui depuis était devenue toute-
puissante chez le père de sa bru, où se réunissait ce
qu'il y avait alors de considérable à Paris. Cette
dame s'y prit de telle sorte, que Monsieur connut de
quelle façon le ministre entendait se servir de lui,
qu'il en montra grande colère, et fit dire à M. de
Maisons que dorénavant il lui serait tout acquis.
En cette occasion, cependant, il était trop tard. La
feinte du ministre réussit; d'Émery fut nommé
« aux grands applaudissements, dit madame de
Motteville, de ceux qui peu de temps avant l'avaient
honni. » Mais, l'année suivante, à la mort de
d'Émery, le cardinal ne pouvant refuser ce qu'il
avait déjà promis, et l'appui du duc d'Orléans lui
venant en aide, M. de Maisons fut nommé.

Ajoutons un petit trait à cette petite intrigue.
On dit encore qu'en apportant son concours à la
nomination de M. de Maisons, Mazarin obéissait à
un autre sentiment que celui qui l'empêchait de
revenir sur une parole engagée.

Le président avait un frère, M. Pierre de Longueil[1].

---

[1] Pierre de Longueil, conseiller-clerc au parlement de Paris, abbé de Beau-
lieu en Lorraine, de la Valdieu en Champagne, et de Fontaine-Jean en

conseiller au parlement, homme d'esprit, actif et
intrigant, mais de ces intrigants qui, s'ils ne le sont
pas pour leur propre compte, le sont pour le plaisir
de l'intrigue et la joie de voir naître le désordre. Si
l'émeute gronde, ils se frottent les mains; s'il y a des
coups en l'air, ils se cachent et tremblent; mais,
l'affaire apaisée, ils comptent les têtes cassées, glorieux de penser qu'ils y sont pour quelque chose.
M. Pierre de Longueil avait la satire facile et chan-
sonnait agréablement. C'était le moins qu'en bon
frère, et par esprit de famille, il mît sa verve au
service de M. de Maisons, aspirant à la surintendance; — et le cardinal eut quelque raison de
croire, lorsque les libelles et les placards reparurent
à l'occasion du retour de d'Émery, que le frère du
président n'y était pas étranger. — Mazarin, qui aurait dû n'y plus être sensible, tant on les lui avait
prodiguées, n'aimait pas les chansons. Le souvenir
de celles de Longueil, la crainte d'en essuyer de nouvelles de sa part, voilà ce qu'on dit, furent un des
motifs qui le rendirent favorable à M. de Longueil;
— sans compter cette dernière raison qu'il pouvait

Gâtinais, prieur de Ragny, Sainte-Mesme et Saint-Martin-sous-Belle-
Encontre, et chanoine de la Sainte-Chapelle de Paris, né en 1599, conseiller en 1623.

croire aux talents du président. Les gens qui avaient intérêt à la nomination de M. de Maisons avaient si bien circonvenu d'Émery à ses derniers moments, que le moribond, avant son dernier soupir, le recommanda, à Son Éminence, comme l'homme le plus capable de lui succéder.

Hélas ! le bonhomme pouvait mourir tranquille ; il laissait les finances en de bonnes mains. C'était du moins l'opinion des contemporains, qui parlaient par ironie.

Ce sera sur ces témoignages que nous allons rapporter que le lecteur, faisant toutefois la part de l'envie et de l'esprit de parti, pourra asseoir son jugement sur M. de Longueil, et décider lequel des deux, du trésor de Charles IX ou des *épargnes* du surintendant, a le plus servi à la dépense du château de Maisons.

Or il arriva à M. de Maisons ce qui arrive à tout homme qui s'élève : tant qu'il reste dans sa sphère, sa vie privée lui appartient ; les collègues et les intimes seuls en glosent s'il y a lieu d'en médire, cela ne va pas plus loin ; mais, s'il vient aux affaires, elle appartient à tous, et malheur à ceux dont les antécédents peuvent être discutés ; la publicité s'en empare, la voix de la foule les grossit.

Lorsque la nouvelle se répandit qu'il était question de M. de Maisons pour la surintendance des finances, il y eut grand bruit par la ville. La *Muse historique* de Loret se contenta de l'enregistrer ainsi : — lettre première :

> Plusieurs disent par les maisons
> Que le président de Maizons
> Sera pourveu de cette charge,
> Qui peut rendre obligeant et large
> Le plus grand chichard des humains,
> Puisque l'argent, entre ses mains
> (Quoyque bien pauvre soit la France).
> Coule tousiours en abondance.

Mais tout le monde n'est pas aussi réservé ; il y en a qui s'expriment plus vertement, et, parmi ceux-là, messieurs du parlement n'étaient sans doute pas les moins sévères, soit que l'habitude de la justice ou que leur rancune les fît parler. Nous trouverons tout à l'heure l'écho de leurs paroles dans une lettre de Guy-Patin.

M. de Maisons n'était pas aimé dans sa compagnie. Sa morgue et ses façons hautaines blessaient ses confrères, pour la plupart d'extraction bourgeoise. Auprès d'eux, il se targuait de la longue suite d'aïeux qu'il prétendait compter, et tirait plus

grande vanité de sa noblesse d'épée que de sa noblesse de robe, ce qui ne leur plaisait pas. Il frayait
peu avec eux et les écrasait du poids de sa fortune,
dont plus d'un se montrait envieux. Il s'ensuivait
des rapports aigre-doux, dans lesquels on lui re-
prochait surtout sa conduite pendant les troubles
de la Fronde. Un jour entre autres, où il s'agissait
d'un avocat inculpé d'avoir publié un libelle contre
M. le Prince et M. le chancelier, M. de Maisons opi-
nant pour qu'il fût envoyé aux galères, un autre
président, M. de Nesmont, d'un avis contraire et
conforme aux sentiments du palais, « lui imposa
silence (comme il grondait fort), en lui reprochant
que l'accusé l'aurait pu refuser pour juge, vu le
parti qu'il avait tenu dans notre guerre, et qu'il
s'était enfui à Saint-Germain au lieu de tenir ici sa
place au parlement [1]. »

M. de Maisons paraissait faire de ces remontrances
le même cas que des grains de tabac qu'il secouait
négligemment sur son rabat, mais il en gardait le
ressentiment, et à l'occasion traitait ces donneurs de
leçons avec des façons méprisantes, en petits robins
et parfois comme des cuistres. Témoin cette querelle

---

[1] Guy-Patin, Lettre CCIV, t. Ier, éd. Reveillé-Parise, Paris, 1846

qu'il eut avec le président Broussel à une époque où, déjà devenu surintendant, ses moindres faits étaient des événements pour le gazetier. M. Broussel était ce pauvre homme sur qui, un jour, tomba la colère de la cour, tout exprès pour faire de son honnête et médiocre personne un héros populaire [1].

> Dans ce lieu mesme [2] eurent querelle
> M. DE MAIZONS et BROUSSELLE :
> Brousselle dit à de Maizons
> Qu'il avoit de belles maizons,
> Qu'en vins, potages et viandes,
> Sa table étoit des plus friandes,
> Et qu'ayant la bource du Roy,
> Il faizoit bien du quant-à-moi.
> L'autre le traita de pauvre homme,
> Qui ne dînoit que d'une pomme
> Ou d'un chétif mets aprêté
> Bien souvent avec saleté [3].

Ces propos établissent suffisamment l'état d'*amitié hostile*, qu'on nous permette l'expression,

[1] Il fut arrêté le jour du *Te Deum* chanté à Notre-Dame pour la victoire de Lens, le 24 août 1648, et conduit en prison à Saint-Germain. Les Parisiens firent émeute, forcèrent le parlement à aller demander sa mise en liberté, et la cour dut céder. Son retour fut un triomphe.

[2] Le parlement.

[3] *Muse historique*, 25 mars 1651.

dans lequel se tenaient vis-à-vis l'un de l'autre le
parlement et son président, — qu'on ménageait cependant à cause de son crédit et de sa fortune; —
ils disent assez quel dut être le langage de la
compagnie quand arriva l'élévation de M. de
Maisons.

Voici la lettre de Guy-Patin. Guy-Patin est médecin; il annonce ainsi la mort de d'Émery, et, dans
ce premier paragraphe, il triomphe, car il est contre
les donneurs d'antimoine; il ne connaît que la sai-
gnée [1] :

« D'Émery est mort le lundi **23** mai **(1650)**, entre

---

[1] « Guy-Patin saigne partout, il saigne sans cesse, et peu s'en faut qu'il
ne regarde ce puissant moyen comme le représentant de la médecine entière. Si on ne saigne pas, on est mort, on meurt suffoqué de pléthore,
on meurt *rôti*; dans certains cas, ce n'est pas du sang qui sort, c'est de la
boue. De là ses déclamations contre les hémaphobes, contre les donneurs
d'antimoine, contre les chimistes, les apothicaires, ces empoisonneurs
titrés, ces *cuisiniers d'Arabie*, comme il les nomme. » (Extrait de l'*Étude
sur Guy-Patin*, par M. Parise, en tête de son édition.)

Aussi écrit-il un jour : « Un tel est mort pour n'avoir été saigné que
deux fois fort petites, le dernier jour d'août. Il est mort après douze
jours, à quarante-huit ans. Voilà nos saigneurs d'Italie. »

Un autre jour, il écrit encore : « En ce temps-là, mon fils était fort
malade d'une fièvre où il s'était malheureusement jeté, *quia adolescen-
tuli semper stulti agunt ;* je l'ai retiré de ce mauvais pas par le moyen
de vingt bonnes saignées des bras et des pieds, avec pour le moins une
bonne douzaine de médecines, sans m'être servi de bézoard, julep et
cordiaux, ni m'être servi des confections d'alkermès ou de hyacinthe ; et

quatre et cinq heures du matin, tout sec et tout
tabide, malgré trente prises d'antimoine de la
meilleure préparation et de la plus fine. » — Puis
il ajoute : — « Chacun parle ici de la succession à
sa charge, et selon l'intérêt qu'il y prétend. Les uns
y nomment de la Vieuville, qui l'a été autrefois,
l'an 1623 ; les autres le président de Maisons, président au mortier, qui a par ci-devant été premier
président à la cour des aides. C'est un dangereux
homme s'il y parvient, et qui fera bien crier du
monde. Je pense qu'il a les vœux des partisans,
qui semblent le souhaiter fort. »

Le 14 juin suivant, il écrit encore :

« Le jour même, 24 de mai, fut nommé, par la
reine, surintendant M. de Maisons. M. Tubeuf, par
ci-devant intendant, a aussi été fait contrôleur général des finances à la place de M. le Camus, beau-
frère de M. d'Émery. M. d'Avaux, qui était surintendant des finances conjointement avec d'Émery,
fut trouver la reine le jour de l'Ascension, et lui

néanmoins Dieu me l'a conservé, de telle sorte qu'il n'a pas perdu un des
actes de son cours. »

Conséquent avec lui-même, s'il saigne son fils vingt fois, Guy-Patin se
fait saigner sept fois pour un rhume ; Martel, un de ses confrères, sup-
porte trente-deux saignées. Qu'est donc le docteur Sangrado auprès de
ces terribles lancettes ?

rapporta son brevet de surintendant, en la remerciant et protestant qu'il ne pouvait pas exercer cette charge avec M. de Maisons. Je pense que c'est qu'il ne veut pas se charger de l'ennui du gouvernement des finances, qui s'en vont dorénavant aller plus mal que jamais entre les mains de cet homme nouvellement choisi, joint que le nouveau contrôleur est un joueur de *prime,* aussi bien que le surintendant, si bien que voilà les finances en bonnes mains; mais ce n'est plus que la coutume : *au plus larron la bourse.* »

Madame de Motteville ne présente le refus de d'Avaux que comme une affaire d'amour-propre; on doit se défier de l'insinuation malveillante de Guy-Patin, frondeur intolérant comme tous les mécontents de toutes les oppositions, pour qui M. de Maisons était, selon son expression, *un animal mazarinique* [1], aussi bien que le cardinal lui-même et les cardinaux, qu'il appelait dans leur espèce : *animal rubrum, capax et vorax.* Le gros

[1] « D'autres nomment, pour cette charge, le président de Maisons, qui est un animal mazarinique, homme dangereux, fin, rusé, mais fort incommodé, et qui, par ce moyen, tâcherait de s'acquitter et de payer ses dettes. » (Lettre de Guy-Patin du 3 novembre 1649.) M. Laborde, qui la cite dans les notes de son livre sur le palais de Mazarin, se demande : « Ces dettes avaient-elles pour origine la magnificence du château de Maisons? »

mot ne lui pesait guère, et l'épithète d'animal est l'aménité ordinaire dont il use envers les gens qu'il n'aime pas.

De tout ceci, néanmoins, il résulte que M. de Maisons était, ses mérites particuliers réservés, un homme peu scrupuleux, un joueur, un homme de grande dépense et pour qui l'argent n'était jamais assez abondant.

Cela ressort encore d'une dernière note qui achèvera de peindre le président. Elle est extraite d'un manuscrit de la Bibliothèque impériale du Louvre, intitulé : *Mémoires sur les vies, mœurs, les bonnes et mauvaises qualités de messieurs du parlement de Paris et maîtres des requêtes.* — Le mémoire est d'une date antérieure à 1650. M. de Maisons n'était pas encore surintendant.

« LONGUEUIL. — Est intéressé et de peu de confiance, habile en sa charge, donne pour et contre la cour, suivant ses intérêts, — a de grands biens, particulièrement d'un domaine du roy pour raison duquel on a de grandes prises sur lui [1]. M. son fils est chancelier de la reine, et reçu en survivance de sa charge. Est homme de jeu et de plaisir, pour

---

[1] Il s'agit de Poissy, dont il sera question plus loin.

raison de quoi il n'a pas toute la paix ; est en grand
procès avec son second fils, conseiller d'Église, pour
ses comptes, — a été présenté par Beaumont, qui a
emporté sur lui la capitainerie de Saint-Germain ; a
les aydes de Guignerches, Hermenonville, de dix
mille livres ; Gentilly, trois mille livres ; Chartrou-
ville, deux mille livres ; Poissy et autres droits, six
mille livres. »

Maintenant arrivons à la question posée dans ce
chapitre.

Certes, lorsqu'en 1642 il fit construire Maisons,
M. de Longueil ne préméditait pas de devenir surintendant des finances en 1650, et alors on doit
penser qu'il comptait sur ses grands biens pour en
acquitter la dépense. Mais rien ne dit non plus que
le train qu'il mena n'ait compromis sa fortune, et
que la charge où M. d'Émery et généralement tous
ses prédécesseurs avaient fait de si belles affaires,
y entrant pauvres, et en sortant princièrement pour-
vus, ne lui soit apparue comme une planche de
salut. Nous ne nous prononçons pas ; seulement
nous remarquons que madame de Motteville, qui
ne peut être suspecte, dit, en parlant de son passage
aux finances : « Ce temps-là ayant été difficile, tout
ce qu'il put profiter dans sa charge, il le garda pour

lui, — ce qui fit dire qu'il s'en était bien acquitté. »
Et puis on cite du surintendant lui-même ce mot
très-spirituel, alors qu'on le remercia : « Ils ont
tort : j'ai fait mes affaires, j'allais faire les leurs. »

Mais est-ce seulement de l'esprit?

Quoi qu'il en soit, M. de Maisons resta peu dans
sa charge. Les temps étaient difficiles, comme dit
madame de Motteville, et les intrigues nombreuses ;
il y perdit un peu la tête, ne sut pas se dessiner fran-
chement et fut ingrat envers Mazarin exilé, à qui il
n'osa faire parvenir de l'argent. Il prit la surintendance en 1650, elle lui fut retirée en 1651, et, quoi
qu'il fît pour y rentrer, il n'y put parvenir. Son
frère de Longueil, dans le dessein de le servir, se
conduisit d'une singulière façon pour un homme
d'esprit. Il s'afficha pour le Mazarin ; il lui fit des
offres auxquelles le cardinal lui répondit ironique-
ment qu'il ne désirait pas rentrer en France, mais
seulement voir son honneur rétabli dans le parlement; ce à quoi Longueil s'entremit bonnement.

Quoi qu'il en soit encore, le château de Maisons
était achevé, payé, et la crémaillère, on peut le dire,
royalement pendue. — Vers la mi-avril 1651, le
roi et la reine y avaient été reçus en grand gala, et
traités avec une magnificence que la *Muse histori-*

que, à qui nous ferons ce dernier emprunt, se plaît
à décrire dans ses rimes :

> Après ce régal de mardy[1],
> On le recommença jeudy,
> Car le Roy, la REINE, et leur suite
> S'en allèrent dîner bien vite
> En la plus belle des maizons
> Dudit président de Maizons,
> Où l'on fit immense crapule[2],
> Dût-il après férer la mule;
> Illec on servit des ragoûts
> Très-précieux et de grands coûts,
> De très-délicates viandes
> Avec des sauces très-friandes,
> Maint poulet et maint pigeonneau
> Dont trois ne faizoient qu'un morceau,
> D'excélentes et rares bisques,
> Des massepains en obélisques,
> Force pois-ramez, pois cossus,
> Chacun y but, *tanquam sponsus*,
> Et pluzieurs remplirent leurs poches
> D'orangeades faites en roches ;
> Grande y fut la profuzion,
> Mais, pourtant, sans confuzion ;
> Et l'on y compta, de bon compte,

[1] M. de Maisons, qui était gouverneur de Versailles, avait aussi traité
la cour ce jour-là, dans cette ville.

[2] Le mot, de nos jours, a changé d'acception ; il n'était pas pris alors
en mauvaise part.

Au moins j'en entendis le conte
D'un certain baigneur, ou barbier,
Dix-huit cents pièces de gibier,
Cent cinquante et quatre bouteilles
De vin, excélent à merveilles,
Environ cinq cens pains molets,
Tant pour maistres que pour valets,
Et cent paniers de fleurs diverses,
Jaunes, blanches, rouges et perses,
Qu'on fit en maints lieux disperser
Par où le Roy devoit passer,
Et les plus belles sur les tables,
Pour les rendre plus délectables ;
On y vit du fruit tout nouveau
Dont le Roy mangea bien et beau,
Et les belles mains de la REINE
Prirent assez souvent la peine
De porter à son rouge bec
(Cecy soit dit avec respect)
Maintes savoureuses pâtures
Tant de chair que de confitures ;
Enfin le susdit président
Régala mainte illustre Dent,
Et fit voir sa magnificence,
Ayant ce don, par excélence
Aux financiers assez fatal,
De traiter bien, et payer mal.

De traiter bien, et payer mal, encore un coup de
patte, en passant, à M. le surintendant. Mais à un
homme qui traite si bien, lors même qu'il paye mal

les pauvres gens, saurait-on en vouloir longtemps ?
La disgrâce de M. de Maisons ne dura pas. Il perdit
le gouvernement et la capitainerie de Saint-Germain,
que le duc de Saint-Simon, le père de l'auteur des
Mémoires, lui vendit presque pour rien, en 1645;
mais, en 1658, sa terre de Maisons est érigée en
marquisat, et il devient marquis [1].

A cette époque, M. de Longueil se faisait vieux;
mais il était d'une famille où l'on atteignait facilement les quatre-vingts ans; il avait encore dix-
neuf ans à parcourir avant d'y toucher et portait
vaillamment la soixantaine, s'occupant fort de bien
vivre, et ne se permettant d'autres maladies que
les indigestions, — s'il faut en croire encore Guy-
Patin, qui, à cette date de septembre 1658, mande
à un de ses correspondants :

« Il y a ici un président à mortier fort malade,
qui est M. de Longueil, sieur de Maisons, qui est
près de Saint-Germain-en-Laye. Il est malade d'une
fièvre continue et d'un méchant flux de ventre; il a
la réputation d'être un des plus rusés hommes de
France; il aime fort la bonne chère; c'est peut-être

---

[1] La seigneurie de Maisons fut érigée en marquisat par lettres d'avril
1658, registrées au parlement le 7 février, et en la chambre des comptes
le 28 avril 1659. (Expilly, *Dictionnaire historique et géographique*.)

qu'il a mangé trop de melons, que l'on cultive avec beaucoup de soin en sa belle maison. »

René de Longueil n'avait été marié qu'une fois, et depuis longtemps il était veuf, sa femme étant morte, en 1636, après treize ans de mariage. — Une particularité assez singulière de son mariage, c'est que la femme qu'il épousa, une dame Madeleine de Boulanc de Crevecœur, dame de Grizolles, avait treize ans lorsqu'il la conduisit à l'autel, et qu'elle mit au monde, à quatorze ans, son premier-né. Le fait, tout extraordinaire qu'il soit, résulte, si les sources où nous avons puisé sont exactes, comme nous avons lieu de le croire, résulte de la comparaison même des dates. Madame de Longueil est morte à l'âge de vingt-six ans, en 1636, après treize années de mariage; l'aîné de ses fils est de 1624. De 1624 à 1636, il y a douze ans, qui, retranchés de vingt-six, donnent bien quatorze ans, c'est-à-dire l'âge de Madame de Longueil à ses premières couches [1].

M. de Longueil, qui resta veuf, eut cependant une fois la velléité de se remarier. L'anecdote se trouve dans une note de Tallemant des Réaux. Il

[1] Voir surtout Blanchard.

s'agissait d'une dame Galant, bien faite de sa personne et veuve d'un secrétaire au conseil. Le cœur de la dame balançait entre M. de Maisons et le fils du président Lecognieux, qui avait deux ans de moins qu'elle. Elle alla demander conseil à M. le président de Nesmond, qui avait aimé son mari, pour qu'il la tirât d'embarras. — « Ne venez-vous pas ici, lui dit-il, après avoir pris votre résolution? — Non, monsieur. — Si cela est, M. de Maisons est bien mieux votre fait. — Mais M. de Maisons a des enfants, dit-elle en l'interrompant. —Oh! je vois bien que votre résolution est prise! » Et il n'en voulut plus parler, — et M. de Longueil ne se remaria pas.

Les enfants, qui faisaient hésiter la veuve du secrétaire au conseil, étaient, à vrai dire, de grands enfants : l'aîné, comme son père, était déjà veuf et avait des petits enfants, dont sa jeune belle-mère eût été grand'mère du jour au lendemain.

M. de Longueil était en discussion d'intérêts avec ses fils, et les voyait très-peu; il vivait, sans grandes relations de famille, tant à Paris qu'à la campagne, mais recevant toujours nombreuse société; et c'est ainsi qu'il mourut à peu près

éloigné des siens, en 1677, ayant fait grande
figure, et laissant, comme on l'a pu voir, une
réputation assez discutable. Il avait quatre-vingts
ans passés lorsqu'il alla rejoindre ses ancêtres
dans le caveau de la chapelle des Cordeliers.

N'oublions pas cependant, avant d'en finir avec
René de Longueil, de mentionner cet épisode qui
fait époque dans les annales du château, et qui
se passa du vivant de ce marquis de Maisons : c'est
qu'à l'occasion de la mort du duc d'Anjou, qui
eut lieu le 10 juillet 1671, le roi et la reine, fuyant
Saint-Germain, où la mort allait leur ravir un fils,
s'en vinrent, dès la veille, à Maisons, passer les
premiers moments de leur douleur. Toute la cour
les y suivit. Mademoiselle de Montpensier rapporte
ainsi cet événement :

« C'est à Charleroi, dont Louis XIV était allé
visiter les fortifications, que la nouvelle arriva
que le duc d'Anjou était dangereusement malade.
Le roi en parut fort chagrin; et, comme l'on attendait de moment à autre la nouvelle de la mort,
le roi ne voulut pas se trouver à Saint-Germain
lorsqu'elle arriverait, et Versailles n'était pas meu-
blé. Il prit la résolution d'aller coucher à Maisons,
où il envoya M. de Lauzun pour voir s'il y avait

assez de logement pour toute la cour. Il revint
lui rendre compte que tout le monde y pourrait
être logé : ainsi l'on y alla coucher. Le lendemain,
on vint me dire à mon réveil que M. de Condom
venait d'arriver. Je ne doutais pas qu'il n'eût
apporté la nouvelle de la mort. Cela fut bientôt
confirmé par un fou que la reine avait, nommé
Tricomini, qui entra dans ma chambre et me dit :
« Vous autres, grands seigneurs, vous mourrez
« tous comme les moindres personnes ; voilà qu'on
« vient dire que votre neveu est mort. » Je m'ha-
billai en diligence pour aller auprès de la reine,
que je trouvai très-affligée. Je priai M. de Lauzun
de me faire savoir lorsque je pourrais voir le roi ;
il prit soin de me le venir dire. J'allai lui faire
mon compliment et je pleurai fort avec lui. Il était
extrêmement affligé, et avec raison, parce que cet
enfant était très-joli. »

CHAPITRE V

Nous n'avons pas à nous étendre beaucoup sur les deux seigneurs de Maisons qui, successivement, possédèrent le château après le premier marquis de Maisons, qui le fit construire. Ils n'ajoutèrent rien à sa magnificence, et leur passage n'y fut marqué par rien de mémorable. Puis ces deux Longueil, c'est triste à dire pour nous,

qui nous constituons leur chroniqueur, sont peu
intéressants par eux-mêmes; ils n'ont en propre
ni grands vices ni grandes vertus; cette vulgaire
probité qui fait le lustre des existences effacées
ne luit même pas sur la leur. Tels qu'ils sont,
ils font regretter le surintendant des finances,
leur père et leur aïeul, qui, au moins, avait su
se dresser une sorte de piédestal. Comme lui, ils
sont sans conscience politique.

Le premier, Jean de Longueil, conseiller au
parlement et commissaire des requêtes, fut aussi
chancelier de la reine. Il avait été reçu en la survivance de la charge de président, au lieu du seigneur de Maisons son père, dit Blanchard, le
mardi 7 février 1646. La façon dont il l'exerça
ne tourna guère à son honneur. La seule affaire
qu'il fut appelé à diriger et qui fit quelque bruit
est un procès de préséance soutenu par MM. de
Saint-Simon et de Luxembourg. Tous deux étaient
ducs, et, en cette qualité, ne voulaient point
céder le pas aux fils illégitimes du roi; ils pré-
tendaient qu'il n'y eût personne entre les princes du sang et eux. Ce procès, sans intérêt
pour nous aujourd'hui, mais auquel s'attachait
alors une grande importance, et sur lequel M. de

Saint-Simon s'étend longuement, nous révèle ces deux faits, qu'à l'époque où il se plaidait le président vivait publiquement avec une certaine dame Bailly, et que, s'il ne laissait pas ostensiblement acheter sa conscience de juge, il n'était pas difficile d'y arriver, par une voie détournée, en s'adressant à l'estimable personne qu'il honorait de ses bontés. C'est à ce propos que le duc de Saint-Simon, parlant de M. de Luxembourg, qui usait de tous les moyens pour gagner sa cause, dit : « Ses écus nous firent plus de mal que son crédit; il ne les épargna pas à une dame Bailly, que le président entretenait. »

Lorsque mourut son père, en **1677**, M. de Maisons avait cinquante-trois ans, et, depuis une vingtaine d'années, était veuf. Sa femme avait été une demoiselle Louise de Fieules, fille de Gaspard, trésorier de l'épargne, et de Claude Ardiet. Il en eut quatre enfants, deux fils, Jean-René et Claude, et deux filles. Jean-René mourut jeune; Claude resta fils unique.

Quant aux filles, toutes deux entrèrent en religion. L'aînée, Renée-Suzanne, fut abbesse des chanoinesses régulières de Sainte-Perrine de la Villette-lez-Paris; la seconde, Louise-Marie-Thérèse, prit le voile au monastère royal de Poissy. Elle consacra ses loisirs à l'étude des lettres ; l'on a d'elle un *Traité de la vie spirituelle, ou l'Homme intérieur*, traduit du latin, et, entre autres ouvrages de sa composition, un livre d'*Exercices de piété*.

Jean de Longueil, marquis de Maisons, mourut octogénaire, comme son père, en 1705.

Passons à Claude de Longueil. Celui-ci, plus que le précédent, tient de son aïeul, le surintendant ; il est grand seigneur et recherche le monde de la cour. Un projet insensé qu'il conçut faillit le rendre célèbre, et c'est à la confidence qu'il en fit au duc de Saint-Simon qu'il dut l'honneur de figurer dans les Mémoires du célèbre écrivain, qui, de main de maître, traça de lui et de sa femme le portrait suivant. Nous citons textuellement :

« Maisons, président à mortier, et sa femme, sœur aînée de la maréchale de Villars [1], furent deux espèces de personnages dont il est temps de parler. Maisons était un grand homme, de fort belle représentation, de beaucoup d'esprit, de sens, de vues et d'ambition ; mais de science dans son

---

[1] Lorsqu'il l'épousa, il était veuf, sans enfants, de Charlotte Roque de Varangeville.

métier fort superficielle, fort riche, la parole fort
à la main, l'air du grand monde, rien du petit-
maître ni de la fatuité des gens de robe, nulle
impertinence du président à mortier. Je pense que
l'exemple de M. de Mesmes lui avait fort servi à
éviter ces ridicules dont l'autre s'était chamarré.
Loin, comme lui, de faire le singe du grand seigneur, l'homme de la cour et du grand monde, il
se contentait de vivre avec la meilleure compagnie
de la ville et de la cour, que sa femme et lui avaient
su attirer chez eux par les manières les plus po-
lies, les plus modestes, et sans jamais s'écarter du
respect qu'ils devaient à chacun; respect aux uns,
civilité très-marquée aux autres; avec un air de
liberté et de familiarité mesurée, qui, loin de
choquer et d'être déplacé, leur attirait le gré de
savoir mettre tout le monde à son aise, sans jamais
la moindre échappée qui fût de trop.

« Sa femme, avec moins d'esprit, avait celui de
savoir tenir une maison avec grâce et magnificence,
et de se laisser conduire par lui. Elle n'avait donc
rien de la présidente ni des femmes de robe, seulement quelque petit grain plus que lui du grand
monde, mais avec la même politesse et les mêmes
ménagements. C'était une grande femme, qui,

avec moins d'embonpoint, eût eu la taille belle, et une beauté romaine que bien des gens préféraient à sa sœur. Elle eut le bon sens de bien vivre toujours avec elle, et de ravaler bien soigneusement la jalousie du rang et de la concurrence de la beauté ; et Maisons, de son côté, vivait en déférence très-marquée, mais intimement, avec le maréchal de Villars.

« Il eut le bon esprit de sentir de fort bonne heure que le parlement était la base sur laquelle il devait porter ; que du crédit qu'il y aurait dépendrait sa considération dans le monde ; et que tout celui dans lequel il se mêlait ne lui deviendrait utile qu'autant que sa compagnie le compterait.

« La situation de Maisons, si près de Marly, lui offrit des occasions, qu'il sut si bien ménager, d'y attirer des gens principaux de la cour. Il devint du bon air d'y aller de Marly, et il se contenta longtemps d'y voir la cour de ses terrasses. Il allait peu à Versailles, il rapprocha mesurément ses voyages à une fois la semaine ; et, à force de gens principaux d'autour du roi qui pendant les longs Marly allaient dîner à Maisons, le roi s'accoutuma à lui parler de ce lieu presque toutes

les fois qu'il le voyait, et jamais il n'en fut gâté. Il
avait si bien fait, que M. le duc et M. le prince de
Conti étaient en liaison avec lui, et qu'il regarda
leur mort comme une perte qu'il faisait. »

Reprenons notre récit.

Le président travailla si bien, qu'il réussit à se
faire regarder « comme l'homme qui mènerait toujours le parlement. » Il avait son ambition ; le roi
devenait vieux, le moment était bon pour se pré-
parer à un nouveau règne. Mais qui serait maître
du pouvoir dans la Régence qui s'annonçait ? Après
avoir été de tout temps le serviteur empressé de
M. du Maine, le courtisan de Sceaux, « à la mort
des deux princes du sang, il se tourna vers le duc
d'Orléans, et il lui fut aisé de s'en approcher par
Canillac, son ami intime. » Or M. de Maisons, voulant circonvenir le prince, trouva Canillac insuf-
fisant, « et jeta son coussinet sur moi, » dit Saint-
Simon. En effet, il n'est rien que le président ne
mette en œuvre pour opérer une liaison avec le
duc de Saint-Simon, qui ne s'en souciait pas, qui
s'y refuse plusieurs fois, mais qui consent enfin,
vaincu par l'assurance qu'on lui donne que Maisons est un homme à s'attacher pour l'intérêt du
duc d'Orléans. Grande joie de Maisons, qui tout

aussitôt réclame une première entrevue, et donne
son premier rendez-vous... qu'on devine l'heure
et le lieu! à onze heures du soir, derrière les Invalides, et recommande le plus grand mystère.
Pourquoi ce mystère? Le duc écrit qu'il ne le
comprit jamais; cependant il est facile de deviner
que, passant du camp de M. du Maine dans celui
du duc d'Orléans, sa prudence lui recommandait
le secret, si, par malheur, les choses ne tournant
pas à son gré de ce côté, il voulait reprendre encore la route de Sceaux. — Quoi qu'il en soit, le
duc de Saint-Simon obéit; le voilà dans la plaine
déserte avec un vieux cocher de sa mère et un
laquais qu'il avait pris pour dépayser ses gens.
Le président, en mince équipage, se présente; il
monte dans le carrosse, et tout ce mystère aboutit
à des avances, des compliments et des protesta-
tions. Mais la glace est rompue, et dorénavant les
relations sont établies. Le président n'était pas un
homme aussi fantasque qu'il en avait l'air.

A quelque temps de là, le 29 juillet 1714,
M. le duc de Saint-Simon est prévenu, avec un
mystère pareil, à Versailles, que M. de Maisons
l'attend chez lui, à Paris, pour une communication d'importance. Cette fois, M. de Saint-Simon

ne devait pas être déçu. En effet, sans qu'il pût s'expliquer comment, M. de Maisons avait, avant tout le monde, appris la nouvelle que le roi déclarait ses deux bâtards, et leur postérité masculine à l'infini, vrais princes du sang. C'était la ruine de ses espérances sur le duc d'Orléans.

M. de Maisons était seul avec le duc de Noailles. « A cette nouvelle, à laquelle je ne m'attendais pas, dit Saint-Simon, et dont le secret jusqu'alors s'était conservé sans la plus légère transpiration, les bras me tombèrent. Je baissai la tête et je demeurai dans un profond silence, absorbé dans mes réflexions. Elles furent bientôt interrompues par des cris auxquels je me réveillai. Ces deux hommes se mirent en pied à courir la chambre, à taper des pieds, à pousser et à frapper les meubles, à dire rage à qui mieux mieux, et à faire retentir la maison de leur bruit. J'avoue que tant d'éclat me fut suspect de la part de deux hommes, l'un si sage et si mesuré, et à qui ce rang ne faisait rien, l'autre toujours si tranquille, si narquois, si maître de lui-même. Je ne fus pas sans soupçon que leur emportement ne fût factice pour exciter le mien. Je leur demandai s'ils étaient devenus fous, et si, au lieu de cette tempête, il n'é-

tait pas plus à propos de raisonner et de voir
s'il y avait quelque chose à faire. »

M. de Maisons probablement ne le vit pas tout
de suite, mais la réflexion l'amena plus tard à
concevoir ce projet insensé dont il fit, comme nous
l'avons dit, confidence à M. de Saint-Simon, et
qui ne tendait à rien moins qu'à soustraire le
testament de Louis XIV, dans la prévision qu'il
fût contraire au duc d'Orléans. — « Je lui demandai, continue Saint-Simon, comment supprimer
un testament déclaré par un édit enregistré, pièce
par conséquent publique, solennelle encore par
sa nature, déposée de plus avec tant d'éclat, et de
si solides précautions, connues de tout le monde,
dans l'intérieur le plus enfoncé du palais, et le
plus sûr par la nature et par l'art qui y avait été
ajouté. » Le testament, dit plus haut le même
écrivain, fut remis à Versailles au premier président et au procureur général; ces messieurs, de
retour à Paris, envoyèrent chercher des ouvriers,
« les conduisirent dans une tour du palais, et
firent creuser un grand trou dans la muraille de
cette tour, qui est fort épaisse, y déposèrent le
testament, en firent fermer l'ouverture d'une porte
de fer, d'une grille aussi de fer en seconde porte

et murailler par-dessus. La porte et la grille eurent
chacune trois différentes serrures, mais les mêmes
à la porte et à la grille, et une clef pour chacune
des trois ; chacune de ces clefs, par conséquent,
ouvrant deux serrures, une de la grille, une de la
porte. Le premier président en garda une, le procureur général une autre, la troisième fut confiée
au greffier en chef du parlement. » C'était effec-
tivement un testament bien gardé et difficile à
escamoter.

« Vous voilà donc bien embarrassé ! répliqua
Maisons : avoir à l'instant de la mort du roi des
troupes sûres et des officiers sages, avisés et affi-
dés tout prêts, avec eux des maçons et des ser-
ruriers, marcher au palais, enfoncer les portes et
la niche, enlever le testament, et qu'on ne le voie
jamais. »

M. de Saint-Simon ne goûtant pas ce projet, le
président tenta directement de le faire agréer au
duc d'Orléans, qui le reçut de même. — Le plus
mortel ennemi de ce prince n'aurait, en effet, rien
pu imaginer de plus funeste à sa cause. Aussi
cette proposition fait-elle faire cette réflexion au
duc de Saint-Simon : « M. de Maisons aurait-il été
assez noir pour, de concert avec le duc du Maine,

ouvrir cet abîme sous nos pas, et ne se lasser point de nous y pousser pour nous perdre, et, par la chute du duc d'Orléans, unique par son âge entre tous les princes du sang à pouvoir être revêtu de la régence, y porter le duc du Maine, qui de là à la couronne n'aurait eu qu'un pas à faire, et n'en ignorait pas les moyens... Voulait-il voir si, à la fin, le duc d'Orléans ou moi serions assez dépourvus de sens commun pour mordre à un si pernicieux hameçon, nous conduire au bord du précipice, nous y laisser jeter dans l'espérance que le désordre effroyable qui en naîtrait mettrait la dictature du royaume entre les mains du parlement; que lui, par son crédit dans la compagnie et par ses accès, se rendrait l'entremetteur entre les partis, et ferait longuement ainsi la première et la plus utile figure; ou, nous voyant près de tenter l'entreprise, voulait-il y faire naître lui-même des difficultés, nous affubler après de l'ignominie d'une résolution si folle et si désespérée, et se donner auprès du duc du Maine, du parlement et du public, l'honneur de l'avoir empêchée? »

M. de Saint-Simon s'arrête à ces suppositions sans les résoudre. Quoi qu'il en soit, il est permis de dire que l'homme à qui on peut les appliquer sans le taxer de folie, mais en lui prêtant d'odieux calculs, mérite l'oraison funèbre que notre historien en fait : « Il n'a pas assez vécu, conclut Saint-Simon, pour donner le temps de percer ces étranges ténèbres. Elles suffisent du moins pour consoler de sa mort les gens sages, les gens de bien et d'honneur, et ceux qui aiment la paix et qui détestent le désordre. »

Aux yeux des moralistes du temps, la duplicité de ce personnage dans ses relations avec le monde s'expliquait par l'irréligion qu'il professait hautement. L'esprit qui devait bientôt toucher Voltaire et le pousser si loin, commençait à souffler dans les hautes régions de la société. C'était une réaction naturelle contre l'exagération religieuse, qu'on taxait de bigoterie, imposée par madame de Maintenon au vieux roi et à toute la cour. M. de Maisons imitait en ses errements le prince de Conti, les ducs de Vendôme et de Sully, le marquis de la Fare, l'abbé Châteauneuf, le parrain de Voltaire, l'abbé de Chaulieu, l'abbé de Servien et quelques autres qui donnaient l'exemple; il les dépassait même avec le concours de sa femme, qui se trouva l'égaler en impiété. C'est à ce point que, lorsqu'il s'agit de l'éducation de leur fils unique,

« ils mirent tous leurs soins à chercher un homme d'esprit et de mise qui joignît la connaissance du monde à une belle littérature, qui n'eût aucune religion, et qui, par principe, élevât leur fils à n'en point avoir. » C'était l'homme rare à rencontrer alors ; ils firent si bien, qu'ils le découvrirent ; mais l'histoire n'a pas gardé mémoire de son nom.

Il nous reste à présent à dire la mort de ce marquis de Maisons, pour passer à son fils, si singulièrement élevé, et nous reposer enfin, contre toute attente, sans doute, sur un homme honnête et véritablement distingué.

M. de Maisons en était là de ses intrigues et de ses projets sur le testament de Louis XIV, lorsqu'il fut atteint, — pardon pour le mot, mais il est tout au long dans Saint-Simon, à qui nous empruntons les lignes suivantes : « il fut surpris d'un léger dévoiement dans ce temps de crise où il n'avait pas le temps de s'écouter. Il prend mal à propos de la rhubarbe deux ou trois fois — (que n'étais-tu là, Guy-Patin, pour triompher !) ; — plus mal à propos le cardinal Bissy le vient entretenir longtemps sur la constitution, et contraint l'effet de la rhubarbe ; le feu se met dans les entrailles sans qu'il veuille consentir à être malade ; le progrès devient ex-

trême en peu d'heures ; les médecins bientôt n'o-
sent l'avouer ; le mal augmente à vue d'œil ; tout
devient éperdu chez lui ; il meurt à quarante-huit
ans, au milieu d'une foule d'amis, de clients, de
gens qui se font de fête, sans volonté ou loisir de
penser un moment à ce qu'allait devenir son
âme[1]. »

Claude de Longueil mourut en août 1715, un
mois environ avant la mort de Louis XIV.

[1] Pour tout ce qui concerne les présidents de Maisons, dans ce chapitre,
voir Saint-Simon, t. Ier, p. 359; t. IV, p. 352; t. XI, p. 205 et suiv., 239;
t. XII, 15 et suiv., 22, 28 et suiv., 251, 254, 394 et suiv., 398, 402, 403,
405.

CHAPITRE VI

JEAN-RENÉ DE LONGUEIL. — VOLTAIRE AU CHATEAU.

La dernière faveur de Louis XIV. — Un président de quinze ans. — Jardin botanique, laboratoire de physique et de chimie au château de Maisons. — Moka et bleu de Prusse. — Le marquis de Maisons président de l'Académie des sciences pour l'année 1750. — Voltaire à Maisons. — Il met la *Henriade* au feu, et le feu au château. — Lettre de Voltaire à ce sujet — Voltaire comparse au théâtre. — Sa passion pour la maréchale de Villars. — Triste sort de *Mariamne.* — *La reine boit!* — Mort de M. de Maisons. — Autre lettre de Voltaire sur cette mort. — Un fils qui aurait eu six ans de plus que son père. — Voltaire confessé par le curé de Maisons. — Le dernier des Longueil de la branche aînée meurt à dix-huit mois. — Le château fait retour aux collatéraux.

Son père mort, le jeune René de Longueil, qui n'avait encore que quinze ans, se trouva sous la tutelle de sa mère. Nous avons fait entrevoir quel était le caractère de la marquise de Maisons. Elle partageait les idées et les espérances de son mari, dont elle avait les confidences, et auquel elle rendail les services qu'une femme de tact, qui reçoit grand monde chez elle, peut rendre à un ambitieux. Son but désormais fut de mettre son fils sur les traces de son mari, tant par ses conseils qu'en lui conservant les nombreuses relations de feu M. de Maisons. Tout d'abord, et par l'entremise de ses amis puissants, elle obtint de présenter son fils au roi, afin qu'il lui accordât la charge de son père, ce à quoi le roi consentit gracieusement, en disant au jeune marquis *qu'il le faisait dans l'espérance qu'il le servirait avec la même fidélité que ses ancêtres.* C'était affaire pressante; Louis XIV était malade, il n'avait plus que quelques jours à vivre; mais madame de Maisons n'était pas femme à ne point connaître le prix du temps, — et bien lui en profita; — ce fut la dernière faveur que le roi dispensa. — Notons en passant que Louis XIV, bien qu'il les flattât, pouvait parler en toute connaissance des ancêtres du jeune Longueil qu'on lui présentait; il avait déjà vu passer, sous son long règne, trois présidents de ce nom; celui qu'il continuait dans cette charge faisait le quatrième.

Madame de Maisons, au reste, dont nous n'aurons plus occasion de parler, se montra toujours excellente mère pour son fils, qui l'aimait tendre-

ment, et qui demeura longtemps affligé de sa mort,
— laquelle arriva douze ans [1] après celle de son
mari, à Maisons même. « L'apoplexie la frappa
dans son jardin; elle rassura son fils et ses amis,
au lieu de profiter, pour penser à elle, d'un inter-
valle de peu de jours, au bout desquels une seconde attaque l'emporta, sans lui laisser un moment de libre, à l'âge de quarante-six ans [2]. »

Revenons au nouveau président. — Cet héritier
des Longueil eut une enfance délicate, mais stu-
dieuse et remarquablement précoce; qu'on en
juge : à douze ans, il expliquait tous les poëtes
latins et comprenait les beautés des auteurs français; à quatorze ans, il fit un cours de physique,
science qu'il ne cessa de cultiver; à quinze ans,
c'était un petit homme déjà; on le mit à la ju-
risprudence, et il y acquit en peu de temps de
telles connaissances, et son mérite devint si no-
toire, que, par grâce singulière, il eut, à l'âge de
dix-huit ans, voix et séance à la place de président,
où il obtint une considération qui l'accompagna
dans toute sa carrière.

[1] Le 5 mars 1727.
[2] Saint-Simon.

Or, disons-le ici, il fut heureux pour le jeune Maisons que son précepteur lui eût donné, comme contre-poids à son éducation irréligieuse, le goût des lettres et l'amour des sciences; une vie occupée à la culture de l'esprit et à la découverte des secrets de la nature relève le sens moral, et fait, sinon des croyants, du moins, chez les natures généreuses, des honnêtes gens. Le dernier marquis de Maisons était de ces natures-là.

Comme son père, au dire de Saint-Simon, « il était homme du monde et parfaitement décrassé des fatuités de la présidence, du langage de la robe, des airs aussi de petit-maître qui méprise son métier, auquel, avec du sens et beaucoup d'esprit, il s'adonna de façon à surpasser son père en tout. »

Mais ce ne fut pas dans les intrigues de cour ni, — quoi qu'aient pu faire les conseils de la marquise, — dans la recherche des hauts emplois, qu'il mit, comme son père, son ambition. Ses goûts le tournaient vers des spéculations plus élevées et moins décevantes. Il aimait la science; la science le récompensa des soins qu'il lui donna.

Il eut à Maisons un jardin botanique de plantes rares, un laboratoire de chimie, un cabinet de physique, et aussi un cabinet de médailles, qu'on disait très-précieux. De son jardin botanique sortit le seul café qu'on ait pu jusqu'alors faire venir en France à maturité. — Plus tard, Louis XV, à son exemple, en fit cultiver dans les serres du potager de Versailles, et l'on sait quel plaisir ce monarque trouvait à tromper les gourmets de sa cour, qui le pensaient venu des îles ; — dans son laboratoire il fit le bleu de Prusse le plus parfait qu'il y ait encore eu à cette époque ; et de ce café, dont le parfum égalait celui du moka, ainsi que de ce bleu de Prusse supérieur qui était un service rendu à l'industrie, le président, non sans raison, tirait quelque vanité ; son oreille, non plus, n'était pas sourde aux compliments. C'étaient là déjà de vives jouissances d'amour-propre ; des distinctions plus glorieuses lui étaient réservées. Il avait également, chez lui, préparé des ateliers pour répéter les expériences de Newton sur la lumière. L'ensemble de ces travaux utiles attira sur leur auteur l'attention des savants, qui le comptèrent bientôt au nombre des leurs.

En août 1726, M. de Maisons fut un des membres honoraires de l'Académie des sciences, et, quatre ans après, le roi le nomma président pour l'année 1730.

C'est à ce titre que Fontenelle fit son éloge. Cet éloge se trouve dans les *Mémoires de l'Académie des sciences* (année 1731), où nous avons puisé ces derniers détails.

Le château de Maisons devint ainsi le lieu de prédilection du président[1]. C'est là qu'il trouvait le loisir de se livrer à ses études favorites; c'était là qu'il réunissait une société d'élite composée de savants et de lettrés, parmi lesquels brillait le génie de Voltaire, dont le souvenir est si intimement lié à cette époque du château, que ce sera lui, tout à l'heure, qui nous en fournira l'histoire[2].

Aussi la physionomie de Maisons était-elle bien changée. Au bruit des grands équipages avait suc-

---

[1] En 1727 et 1728, le président de Maisons, pour la convenance du parc, fit de nombreux échanges de biens qu'il possédait en sa qualité de propriétaire de la seigneurie de la Vaudoire. Tous les actes qui les concernent sont passés sur des feuilles qu'il avait fait imprimer avec des blancs à remplir.

Son père, Claude de Longueil, en avait agi de même pour la plus grande épargne du temps de son intendant. Ce sont ces deux propriétaires qui, par le moyen de ces échanges, ont donné au parc son entier développement. (Archives impériales.)

[2] Tous les auteurs qui ont parlé du château de Maisons ont avancé qu'en décrivant le *Temple du Goût*, Voltaire avait fait allusion à l'œuvre de Mansart dans les vers suivants, que nous donnons ici pour faire comme tout le monde. S'ils ont en vue le château de Maisons, ils rendent justice à son architecture; mais on avouera qu'ils peuvent également bien s'appli-

cédé, pour ainsi dire, le calme d'une chartreuse,
d'une chartreuse cependant où l'hospitalité était
largement pratiquée, la règle facile et la table abondante. Dans la journée, il est vrai, tandis que le
maître, enfermé dans son laboratoire, soufflait ses
fourneaux, ses hôtes, chacun de son côté, tra-
vaillaient; au dedans les portes sonores s'ouvraient
dans le silence, au dehors on pouvait apercevoir
les commensaux du logis, les uns s'enfonçant
solitairement dans les profondeurs du parc, un
livre sous les yeux; d'autres, dans les allées de
verdure, comme sous les portiques d'Athènes, phi-
losophant deux à deux; il semblait que la vie stu-
dieuse eût élu domicile dans ce beau domaine.
— Mais, le soir venu, le souper servi, au feu des
bougies, à la fumée des mets, au montant des
vins, tout s'anime; les dames sont présentes, et
chacun redevient du monde pour payer son écot

quer à tout autre monument aussi parfait, et Voltaire, probablement, en
traçant ce vague portrait, n'en garantissait pas la ressemblance. Voici ces
vers :

> Simple en était la noble architecture;
> Chaque ornement, à sa place arrêté,
> Y semblait mis par la nécessité;
> L'art s'y cachait sous l'air de la nature;
> L'œil satisfait embrassait sa structure,
> Jamais surpris et toujours enchanté.

de gaieté, de grâce et d'esprit; les conversations intéressantes s'entament et s'interrompent, pour se poursuivre au salon, où l'on prend le café du président planteur, qui veut des compliments. Puis, lorsque les profanes se sont retirés, le cénacle rapproche les siéges, on cause, on parle, on discute philosophie, science et belles-lettres; on risque son opuscule, on fait part de sa découverte, on demande conseil pour l'ouvrage en projet.

C'est devant cet aréopage compétent que Voltaire lut, chant par chant, les vers de sa *Henriade*. On conte même, à ce propos, que le poëte, qui se faisait docile et acceptait humblement les critiques, une fois, cependant, ne put tenir devant la sévérité de l'auditoire et jeta son manuscrit au feu. Il en coûta une paire de manchettes au président Henault, qui se précipita pour sauver Henri IV des flammes. Ce ne fut sans doute pas ce jour-là que Voltaire écrivit à M. Thiriot : « Revenez donc au plus tôt retrouver votre ami. Engagez madame de Bernières à revenir à la Saint-Martin; vous retrouverez un nouveau chant d'Henri IV, que M. de Maisons trouve le plus beau de tous. »

Nous avons annoncé tout à l'heure que nous parlerions de Voltaire, nous y voici. C'est lui qui

va nous dire comment il mit le feu au château de
Maisons.

L'intimité qui existait entre Voltaire et le marquis de Maisons était grande; si elle ne s'expliquait déjà par la conformité de leurs idées en ma-
tière de religion et de leurs goûts littéraires, elle
s'expliquerait encore par l'amour que Voltaire
avait conçu pour la maréchale de Villars; et, de
fait, cette passion a pu être pour le poëte un motif
de plus pour chercher à resserrer sa liaison avec
le président. Madame de Villars, sœur cadette de
madame de Maisons la mère, était la jeune tante du
marquis; c'était un moyen certain de la rencontrer souvent que d'être en grand commerce d'a-
mitié avec son neveu.

La première entrevue de ces deux personnes
avait été d'ailleurs assez singulière. On donnait
Œdipe, et Voltaire en humeur bouffonne, ce
soir-là, parut sur le théâtre portant la queue du
grand prêtre. La maréchale s'indigne dans sa loge,
et demande quel est le mauvais plaisant qui com-
promet ainsi la représentation d'une tragédie à
laquelle elle s'intéresse. On lui répond que c'est
l'auteur; elle demande à le voir; séance tenante
on le lui présente, elle l'invite à lui venir faire

visite; Voltaire y alla; le reste va de soi; le poëte était jeune, il était ardent, et la maréchale était belle, il n'en faut pas davantage pour allumer une passion.

Quoi qu'il en soit de cette passion, pour laquelle, de son aveu même, il perdit, sans jamais rien obtenir, un temps considérable qu'il regretta toujours, Voltaire avait sa chambre au château, et il y trouvait l'hospitalité toutes les fois qu'il lui plaisait de la réclamer. Cette chambre est celle qui a gardé le nom de Voltaire, et dans laquelle nous avons essayé, plus haut, d'introduire le lecteur. On y voit encore, à cette heure, au ciel de lit de l'alcôve, une peinture mythologique, une Danaé peu vêtue, qui, dans son temps, a bien pu faire rêver l'amoureux aux charmes de madame de Villars.

Or, en novembre 1723, Voltaire était allé jouir de l'hospitalité de Maisons; il désirait la solitude à la campagne, et les conseils éclairés de son ami le président pour achever sa tragédie de *Mariamne*. Le 4 de ce mois de novembre, il est atteint de la petite vérole. Le danger est grand; mais les bons soins qui lui sont prodigués, les attentions de M. et madame de Maisons le rendent à la santé.

Longtemps il est faible, et incapable, malgré la volonté qu'il en aurait, de retourner à Paris.

« J'attendais avec impatience, écrit-il, en janvier 1724, à M. le baron de Breteuil[1], le moment où
je pourrais me dérober aux soins qu'on avait de
moi à Maisons, et finir l'embarras que j'y causais;
plus on avait pour moi de bontés, plus je me hâ-
tais de n'en pas abuser plus longtemps; enfin, je
fus en état d'être transporté à Paris le 1er décembre. Voici, monsieur, un moment bien funeste.
A peine suis-je à deux cents pas du château,
qu'une partie du plancher de la chambre où j'a-
vais été tombe tout enflammée. Les chambres voi-
sines, les appartements qui étaient au-dessous, les
meubles précieux dont ils étaient ornés, tout fut
consumé par le feu; la perte monte à près de cent
mille livres; et, sans le secours des pompes qu'on
envoya chercher à Paris, un des plus beaux édi-
fices du royaume allait être détruit. On me cacha
cette étrange nouvelle à mon arrivée : je la sus à
mon réveil; vous n'imaginerez point quel fut mon
désespoir; vous savez les soins généreux que M. de
Maisons avait pris de moi; j'avais été traité chez

---

[1] Lettre xive du t. 1er de la *Correspondance générale*.

lui comme son frère, et le prix de tant de bontés
était l'incendie de son château. Je ne pouvais concevoir comment le feu avait pu prendre si brus-
quement dans ma chambre, où je n'avais laissé
qu'un tison presque éteint; j'appris que la cause
de cet embrasement était une poutre qui passait
précisément sous la cheminée. C'est un défaut dont
on s'est corrigé dans la structure des bâtiments
d'aujourd'hui; et même les fréquents embrase-
ments qui en arrivaient ont obligé d'avoir recours
aux lois pour défendre cette façon dangereuse de
bâtir. La poutre dont je parle s'était embrasée peu
à peu par la chaleur de l'âtre qui portait immédiatement sur elle; et par une destinée singulière,
dont assurément je n'ai pas goûté le bonheur, le
feu qui couvait depuis deux jours n'éclata qu'un
moment après mon départ.

« Je n'étais point la cause de cet accident, mais
j'en étais l'occasion malheureuse; j'en eus la même
douleur que si j'en avais été coupable : la fièvre
me reprit aussitôt, et je vous assure que dans ce
moment je sus mauvais gré à M. de Gervasi[1] de
m'avoir conservé la vie.

[1] Médecin de M. le cardinal de Rohan, que M. de Maisons avait fait
appeler pour soigner Voltaire.

« Madame et M. de Maisons reçurent la nouvelle plus tranquillement que moi ; leur générosité
fut aussi grande que leur perte et que ma douleur. M. de Maisons mit le comble à ses bontés, en
me prévenant lui-même par des lettres qui font
bien voir qu'il excelle par le cœur comme par
l'esprit ; il s'occupait du soin de me consoler, et il
semblait que ce fût moi dont il eût brûlé le château ; mais sa générosité ne sert qu'à me faire
sentir encore plus vivement la perte que je lui ai
causée, et je conserverai toute ma vie ma douleur
aussi bien que mon admiration pour lui. »

Cet incendie du château porta malheur à la tragédie que Voltaire était venu y terminer. On sait
comment, à la première représentation, un plaisant fit tomber la pièce. En voyant l'héroïne porter une coupe de poison à ses lèvres, — c'était la
veille du jour des Rois, — il s'écria : « La reine
boit ! » Les rires éclatèrent dans la salle ; on dut
baisser le rideau avant le dénoûment. *Mariamne,*
au reste, fit comme l'aile du château de Maisons[1] ;

---

[1] La chambre de Voltaire, comme nous l'avons dit, est située à l'étage
le plus élevé du pavillon du milieu : la tradition veut que la chambre où il
mit le feu ait été dans l'une des ailes du château ; rien de plus probable :
Voltaire malade aura été transporté dans une pièce moins éloignée du

elle brûla, on la répara ; la tragédie fut corrigée, et Voltaire put écrire à mademoiselle Gaussin, qu'il encourageait à prendre sa revanche dans un rôle où sa timidité l'avait empêchée de réussir une première fois : « J'ai vu tomber *Mariamne* et je l'ai vue se relever. »

Mais, hélas ! la petite vérole, qui avait épargné Voltaire, devait être plus cruelle pour l'ami qui l'avait si bien soigné. M. de Maisons, à l'âge de trente et un ans, président de l'Académie des sciences, ce qui était le comble de ses vœux, au comble de la fortune aussi, de la faveur royale[1] et du bonheur domestique, entouré de nombreux

service des gens, plus grande, et où les soins étaient plus faciles à lui rendre.

[1] « C'est à ce président de Maisons que le roi, par lettres patentes du 30 mai 1718 avait accordé la distraction des villes, ponts, terre et châtellenie de Poissy et Sainte-James, de ses justices, voieries, grueries, maîtrise des eaux et forêts et capitaineries des chasses, et en conséquence ordonna que la justice en toutes causes et manières de police, voieries, domaines, bois, forêts, rivières, chasses et tous autres droits dépendants desdites terres et seigneuries de Poissy et Sainte-James, serait exercée au nom dudit sieur de Maisons, ses hoirs et ayants cause, par les juges et officiers par lui établis, sauf l'appel aux cours et juridictions royales.

« Après la mort du président, les considérations qui avaient porté le roi à accorder ces lettres ne subsistant plus, et de pareilles désunions faites au milieu de la forêt et au centre de la capitainerie de Saint-Germain causant un préjudice notable, le roi, par lettres patentes du 15 avril 1733, révoqua celles du 30 mai 1718, et ordonna que les gouvernements et ca-

amis, qui tenaient son estime à honneur, ayant devant lui le plus souriant, le plus magnifique avenir, et pouvant espérer de longs jours, M. de Maisons fut atteint de ce mal, — terrible, alors, à l'égal d'un fléau, et n'y put résister.

Voici la lettre que, dans le premier moment de sa douleur, Voltaire adressa à M. de Cideville sur cette mort à laquelle il assista[1].

« Mon cher ami, la mort de M. de Maisons m'a laissé dans un désespoir qui va jusqu'à l'abrutissement. J'ai perdu mon ami, mon soutien, mon père. » Le père aurait eu six ans de moins que son fils; Voltaire étant né en 1694 et M. de Maisons en 1699. Mais la douleur d'apparat d'un tragique,

pitaineries de Maisons seraient réunis aux gouvernement et capitainerie de Saint-Germain-en-Laye. » (Piganiol de la Force, t. IX.)

A propos de cette distraction et de cette réunion, Saint-Simon rapporte ce détail, qui constate la faveur du président : « M. de Noailles, capitaine et gouverneur de Saint-Germain à la mort de M. Mornay, demanda la distraction de Maisons et de Poissy de sa capitainerie; grand serviteur du parlement et grand politique. Après la mort du dernier président de Maisons, sur les instances du duc même, elles y furent remises. » (Saint-Simon, chap. LXXIV.)

Par lettres patentes du 20 janvier 1724, le roi donna au sieur de Longueil, marquis de Maisons, un droit sur les sels passant sur la Seine.

Par d'autres lettres patentes du roi du 20 janvier 1729, il lui est donné un droit sur tout ce qui traverse la Seine.

[1] Lettre XLIVe du t. 1er de la *Correspondance générale*.

grand homme qui n'a guère bien aimé que soi, n'y
regarde pas de si près. — « Je ne me consolerai
de ma vie de sa perte et de la façon cruelle dont
je l'ai perdu. Il a péri, faute de secours, au milieu
de ses amis. Il y a à cela une fatalité affreuse.
Que dites-vous de médecins qui le laissent en danger à six heures du matin, et qui se donnent rendez-vous chez lui à midi? Ils sont coupables de
sa mort. Ils laissent six heures sans secours un
homme qu'un instant peut tuer! Que cela serve de
leçon à ceux qui auront leurs amis attaqués de la
même maladie! Mon cher Cideville, je vous re-
mercie bien tendrement de la part que vous prenez
à la cruelle affliction où je suis. Il n'y a que des
amis comme vous qui puissent me consoler. J'ai
besoin plus que jamais que vous m'aimiez. Je me
veux du mal d'être à Paris. Je voudrais et je devrais
être à Rouen. Je viendrai assurément le plus tôt
que je pourrai. Je ne suis plus capable d'autre
plaisir dans le monde que de sentir les charmes
de votre société.

« Je ne vous mande aucune nouvelle ni de moi,
ni de mes ouvrages, ni de personne. Je ne pense
qu'à ma douleur et à vous. »

M. de Saint-Simon, qui rapporte aussi cette mort

de M. de Maisons, paraît croire qu'un instant le président philosophe ait pensé à Dieu. « La prompte déclaration de ce mal, dit-il, lui tourna la tête, il se crut mort; il pensa à ce qu'il avait méconnu toute sa vie; mais la frayeur qui le tourna subitement à la mort ne lui laissa plus de liberté, et il mourut de la sorte. » Il est plus probable, s'il eut cette pensée et s'il est mort entre les bras de Voltaire, qu'il fut retenu de faire demander les secours de la religion par la présence de son maître en athéisme. Ce n'est pas, cependant, qu'en un cas semblable, à Maisons même, Voltaire n'ait laissé venir le curé du village, et ne se soit fort bien confessé, ainsi qu'en fait foi la lettre à M. de Breteuil, que nous avons citée, et dans laquelle il le déclare. Mais il en est des philosophes, souvent, comme des gens qui prêchent la guerre, qui font battre et périr les autres pour l'honneur des principes, tout en se gardant pour eux-mêmes du danger.

On a coutume de dire que le 13 septembre 1731, en la personne de Jean-René de Longueil, marquis de Maisons, dont il vient d'être parlé, s'éteignit la branche aînée des Longueil; l'assertion n'est pas tout à fait exacte. Ce dernier marquis de Maisons

eut, de son mariage avec Charlotte Roques de Varangeville, un fils qui avait six mois à sa mort, et
qui ne vécut que dix-huit mois. On assure que
l'enfant tomba des bras des femmes à qui le soin
en était confié; la chute fut mortelle, — et c'est
alors seulement que les grands biens de M. de
Maisons firent retour à des collatéraux.

Nous verrons, dans le chapitre suivant, à qui
échut le château, et aussi, — ce que nous n'avons
point encore établi, — en quoi consistait la terre
et seigneurie de Maisons, quels étaient ses charges
et ses revenus.

CHAPITRE VII

La branche aînée des Longueil éteinte, la seigneurie et le château de Maisons passèrent à la marquise de Belleforière. Madame de Belleforière était une Longueil de la branche cadette. Cette dame, déjà d'un certain âge, ne tarda pas à léguer le marquisat de Maisons à son petit-fils, Louis-Armand de Boisfranc, de Seiglière, de Belleforière, de Soyecourt, comte de Tilloloy, qui porta le titre et le nom de marquis de Soyecourt.

Les documents sont rares sur ce personnage. Il était maréchal des camps et armées du roi, mais de ces maréchaux pour qui ce titre, souvent honorifique, n'impliquait en aucune façon le service militaire. Il ne fut ni de robe ni tout à fait d'épée, mais paraît avoir été un grand seigneur fort dépensier, joueur peut-être, et, en fin de compte, réduit à faire argent de son héritage.

Cette nécessité, qui était de notoriété publique, fut cause que le château de Maisons faillit devenir la propriété de madame de Pompadour, une première fois, et ensuite de madame du Barry.

Il semble que ces favorites aient toutes les deux désiré que le roi Louis XV leur fît don de Maisons, comme elles avaient toutes les deux aussi, et sans plus de succès, souhaité le *Pavillon du Roi*, qui faisait partie du domaine du fermier général Bouret, dans la forêt de *Sennaar*.

A ce sujet, on conte que, lorsqu'il fut question de faire acquérir à Louis XV ce *Pavillon du Roi*, du sieur Bouret, pour sa maîtresse, Sa Majesté, qui penchait à satisfaire la fantaisie de madame du Barry, s'y rendit avec le Dauphin. Or, en parcourant ce magnifique lieu, et comme le Dauphin, dans la crainte que son auguste père ne réalisât son projet, restait muet devant les splendeurs du parc, le roi lui demanda ce qu'il en pensait et s'il ne le trouvait pas beau? — « Que trop beau! » — aurait répondu le prince; et ce seul mot aurait retenu le roi de conclure le marché pour lequel il était venu.

En fut-il de même à Maisons, et y eut-il un « trop beau! » prononcé à propos? On ne sait; toujours est-il que, pour madame de Pompadour, les choses devaient être bien avancées quand le roi, le 6 mai 1747, se ravisa, puisque la date de ce jour a pu être rapportée dans un livre qui traite de Saint-Germain et de ses environs.

Les vues de madame du Barry sur le château n'ont pas de date historique; mais, comme il est constant que la comtesse habita Maisons pendant qu'elle travaillait à la chute du ministère Choiseul, ce dut être vers l'année 1770. Louis XV avait continué la tradition de son père et venait quelquefois occuper, à Maisons, la *chambre du Roi;* il y amena la favorite, qui y fit séjour à l'époque que nous avons dite, et, sans doute, M. de Soyecourt, heureux de cette bonne fortune, ne demeura pas étranger au désir qui vint à la comtesse de se voir dame châtelaine de Maisons. — Pauvre comtesse, lorsqu'elle fut exilée au couvent des Loges, durant la dernière maladie de Louis XV, elle dut envoyer plus d'un soupir de regret, à travers les arbres de la forêt, du côté de ce beau domaine qu'elle aurait pu posséder, et où son exil se serait presque changé en paradis terrestre.

Après ces deux ventes avortées, M. de Soyecourt, enfin, trouva dans le comte d'Artois un acquéreur sérieux. L'acte de vente fut passé par-devant maître Pot d'Auteuil, le 25 février 1777.

M. Pot d'Auteuil était le notaire qui avait rédigé le contrat de mariage de madame du Barry, après que le roi, à l'aveu qu'on lui fit de son état de demoiselle, se fut écrié : « — Tant pis, — qu'on la marie donc promptement, afin qu'elle me mette dans l'impuissance de faire quelque sottise! » et que, pour ce bel emploi de mari de la favorite, du Barry eut trouvé, dans son honoré frère, le vrai personnage de ce rôle honteux. On dit même qu'alors M. Pot d'Auteuil, qui était jeune, voulut jouir du privilége de sa charge; il s'avança galamment pour embrasser cette belle mariée. Mais la jeune personne, en ingénue qu'elle n'était pas, fit une telle résistance, que son futur beau-frère se vit obligé d'intervenir pour faire entendre raison à cette pudeur alarmée, et l'autoriser à présenter la joue à l'officier public. — « Baisez donc, monsieur, dit-il au notaire, et souvenez-vous bien de cette faveur, car c'est la dernière que vous recevez de madame. »

Mais ce n'est pas de la comédie de ce mariage qu'il s'agit ici; nous voulions seulement dire, en faisant ce rapprochement, que, si madame du Barry eût obtenu Maisons de la galanterie de Louis XV, M. Pot d'Auteuil eût probablement été appelé à grossoyer pour la comtesse, et que ce notaire était évidemment prédestiné à toucher les honoraires de la vente du château, à laquelle nous arrivons.

La vente comprenait, outre la seigneurie de Maisons et dépendances [1], la seigneurie de Poissy, Sainte-James, au sujet de laquelle des difficultés s'élevèrent ultérieurement.

La vente fut faite moyennant un prix de 2,300,000 livres.

[1] Voir l'appendice.

Dans l'évaluation qu'on fit du rapport de Maisons et de Poissy, déduction faite des charges, Maisons était porté à. . . . . . 26,368 livres.

Et Poissy à. 7,059

Ensemble, à. 33,427

Les charges étaient évaluées à la somme de 2,441 livres 12 sous.

Au nombre de ces charges, on comptait le traitement du chapelain de Maisons pour 300 livres, plus, le prix payable à la fabrique de deux messes hautes pour M. de Longueil, et celui de quatre autres messes avec *Libera*, s'élevant ensemble à 11 livres; ce qui n'était assurément pas cher, et ce qui prouve que, si les seigneurs de Maisons n'avaient guère songé de leur vivant au salut de leur âme, ils avaient au moins légué ce soin à leurs héritiers, et au plus bas mot possible, pour être plus sûrs d'être obéis après leur mort.

Dans le détail des revenus, on trouve entre autres objets produisant revenu :

Le moulin. . . . . 4,500 livres.

Le bac. 300

Les boutures de saule.   200
La pêche du bac et des îles.   36 livres.
Autres pêches.   30

La Seine constituait encore pour la seigneurie
une autre source de revenu. Bien que nous n'ayons
aucune donnée pour évaluer approximativement à
quoi pouvaient monter les droits de navigation
perçus devant Maisons, nous n'en donnerons pas
moins un extrait du tarif établi par arrêt du conseil
du 14 décembre 1723, et renouvelé le 10 août
1774. Le document est curieux, en ce sens qu'il
montre quelles denrées étaient alors imposées.

Le vin, par chaque pièce, grande ou petite, ou
par panier, devait payer 1 sol 3 deniers, et en
outre, pour droit de chaîne (au lieu de 20 pintes,
droit de Saint-Denis), 1 sol 6 deniers par bateau.

Le hareng, blanc ou saure, — 1 sol 6 deniers.

La morue, par millier en pile, — 6 livres, au
lieu de 4 morues.

La merluche, — 20 sous, au lieu de 4 mer-
luches.

Le saumon, par geru, — 12 sous, au lieu de
4 saumons.

Le baril de maquereaux, — 3 sous 6 deniers, au lieu de 4 maquereaux.

Par 12 barils d'anchois et huîtres marinées, — 5 sous 6 deniers.

Par bateau ou navée d'huîtres fraîches, — 2 livres 10 sous, au lieu de 200 huîtres.

Raies, macreuses, — 4 sous 6 deniers.

Le lard, les balles de savon, étaient également frappés d'un droit. Les mobiliers transportés par navires étaient taxés : un lit garni, 6 deniers tournois; les chaises, 3 deniers. Les ménages à l'usage des bateliers jouissaient d'exemption; mais les navires eux-mêmes acquittaient des droits. Le tarif disait : « Un navire chargé de bois payera au pontonnier 6 deniers tournois pour baisser la corde du bac; toute flette ou petit bateau servant au bateau maire doit 6 deniers toutes les fois qu'il passe devant Maisons. S'il est neuf, il acquitte le droit de neuvage. Pour son gouvernail, chaque bateau montant donnait 10 deniers tournois au pontonnier. »

D'après ce tarif, on voit ce qu'il devait alors entrer de merluche et de poisson salé dans la consommation publique. Toute proportion gardée, on en mange beaucoup moins à présent à Paris; la merluche particulièrement a presque disparu de l'alimentation de la capitale ; c'est une morue demi-salée et séchée au soleil, dont le nom seul est conservé dans la mémoire comme un sobriquet comique.

Mais, si la merluche était alors pour Maisons un rapport certain, les bois et les foins, — pour revenir à un autre ordre de revenus, — en devaient être un plus considérable. Du temps de M. de Soyecourt, les bois n'étaient pas exploités à leur valeur. En réglant convenablement les coupes, le comte d'Artois leur fit rendre ce qu'ils pouvaient donner. Les comptes de l'intendance des biens du prince établissent qu'ils rapportèrent :

En 1781. . . . . 14,645 livres 12 sous.
Et en 1784. . . . 16,440   »   18   »

Pour ces deux années, les foins sont portés à 20,000 livres.

En moins de sept ans, et pour ces deux sources de rapport seulement, c'était donc, sur l'évaluation totale faite lors de la vente, une augmentation de 3,000 livres, — qui s'explique d'ailleurs par ces deux causes : le mauvais état dans le-

quel M. de Soyecourt avait laissé tomber la propriété et les dépenses considérables du comte
d'Artois pour la relever.

Il suffit de jeter les yeux sur le chiffre d'estimation des meubles et effets garnissant, en 1777,
le château pour se former une idée du délabre-
ment de Maisons, autrefois cité pour son luxe
intérieur. Suivant le détail qui en fut fait par
M. Jubault, garde-meuble de monseigneur le comte
d'Artois, et le tapissier de M. de Soyecourt, ce chiffre
monte à 41,655 livres, c'est-à-dire à la moitié du
prix de l'ameublement du moindre financier d'aujourd'hui ; et pourtant rien n'avait été omis, ni les
tableaux, qui figurent pour 4,040 livres, ni les sta-
tues, dont la valeur s'élève à la somme moitié moindre de 2,020 livres, y compris une Vénus, à propos
de laquelle M. d'Huez, statuaire du roi, chargé
de l'estimation, trahit son origine en l'inventoriant
sous cette orthographe méridionale : *une Vénusse*.
A présent que presque tous les sculpteurs savent
l'orthographe, ce petit trait a son prix.

Parmi les tableaux, il est fait mention d'un dessus de cheminée de Boulogne, de son bon temps,
côté 1,000 livres, et d'une toile « où l'on reconnaît
la touche fraîche du Guide ; » elle représentait

les travaux d'Hercule; sa valeur, portée à 900 livres, fut réduite à 600. — La peinture était en baisse.

Le comte d'Artois dut donc remeubler le château, replanter le parc, réparer les jardins et songer à leur embellissement. Les dépenses de cette restauration montèrent au chiffre énorme de 600,000 livres, dont on suit le détail, malheureusement très-incomplet, au milieu des comptes des différentes années 1778 à 1780, que nous avons été à même de consulter. Une orangerie faite par Caubert, avec la clause de la livrer au 1er août 1779, y figure pour 75,000 livres. L'année précédente, le prince avait fait une commande de caisses d'orangers de quatre pieds quatre pouces carrés, qui s'éleva à 4,355 livres. En 1780, il fit planter sept ou huit arpents, à raison de 350 livres par arpent. Enfin, par un acte intitulé : « Observations sur les remboursements projetés par M. le surintendant des rentes foncières dues à Maisons, tant à la fabrique qu'à des particuliers, à raison d'acquisitions de plusieurs héritages situés au terroir de Maisons, » on voit que le comte d'Artois augmenta d'une manière sensible les terres du château. L'acte est du 17 septembre 1787, mais les acquisitions sont bien antérieures, et elles suffisent, avec les plantations nouvelles, à justifier la plus-value obtenue dans les sept années de la gestion de l'intendance du prince.

En somme, le revenu de Maisons en 1777, — car c'était là ce que nous voulions établir, — était d'environ 40,000 livres. En payant ce domaine 2,300,000 livres, monseigneur le comte d'Artois le payait cher [1]; M. de Soyecourt, lui, faisait un beau marché. Il eût dû s'estimer heureux et se montrer conciliant; mais point du tout : le contrat ne fut pas plutôt signé qu'il suscita mille difficultés, et c'est ici, par sa conduite même, que le marquis se dévoilera aux yeux du lecteur.

Nous avons dit que la vente de Maisons, faite par M. de Soyecourt au comte d'Artois, emportait celle de Poissy, Sainte-James. Mais cette terre, au double titre de bien substitué et de domaine engagé, ne pouvait être aliénée. Aussi deux réclamations se produisirent-elles bientôt l'une après l'autre.

On sait ce que sont des biens substitués; celui qui en jouit n'en a pas la propriété. Or la grand-

---

[1] Pour l'acquisition de Maisons, le comte d'Artois avait fait un emprunt autorisé par lettres patentes.

mère de M. de Soyecourt, qui sans doute connaissait bien son petit-fils, avait, en prévision de ses
désordres, frappé de substitution, au profit des
héritiers du marquis, certains biens qu'elle lui lé-
guait, et entre autres la seigneurie de Poissy, Sainte-
James. Les héritiers alors présumés du marquis,
M. de Soyecourt étant encore sans enfants, étaient
les fils de la comtesse Bérenger de Soyecourt, sa
belle-sœur.

Cette dame était femme de tête, de cœur aussi,
et très-ardente à défendre les intérêts de ses enfants
mineurs. Au premier bruit de la vente, la comtesse
conçoit des craintes; elle rappelle à son beau-frère
que Poissy, qui dépend de Maisons, est la propriété
de ses enfants, afin qu'il ait garde d'en disposer.
Le beau-frère la rassure, lui répond : « Comment
voulez-vous qu'il en soit autrement! » et néanmoins n'en tient compte; il trompe sa belle-sœur,
il trompe le comte d'Artois.

Là-dessus, grands reproches de madame de Bérenger à son beau-frère, qui semble dire que ce qui
est fait est fait, qu'on le laisse tranquille, et qui ne
répond plus. Il faut pourtant que justice se fasse;
la comtesse n'entend pas qu'on dépouille ses enfants, et cependant il lui répugne d'avoir recours

aux tribunaux; ce serait y traîner son propre nom
que de plaider avec son beau-frère. Elle préfère s'a-
dresser au prince, et, à ce sujet, elle échange avec
M. de Sainte-Foy, surintendant des maisons, jardins, domaines et finances du comte d'Artois, une
correspondance fort longue et fort remarquable.
Elle demande qu'on revienne sur la vente du 25
février 1777, qu'on annule la clause qui concerne
Poissy, Sainte-James, et que cette terre soit rendue·
à ses enfants. M. le surintendant répond qu'il ne
méconnaît pas la justice de sa requête, mais il lui
fait connaître que le comte d'Artois a acheté de
bonne foi et qu'il tient particulièrement à Poissy.
Ne serait-il donc point possible d'entrer en arrangement? Cet arrangement est proposé, il est presque
accepté par toutes les parties, il est près de se conclure moyennant une somme de 74,000 à 75,000
livres, quand, hélas! comme dans la plupart des
contestations, et comme pour donner raison à la
fable, un troisième larron survint.

Ce troisième larron, qu'on nous pardonne l'ir-
révérence de la citation, c'est le roi lui-même. Il
revendique Poissy, Sainte-James, par le ministère de son procureur général en sa chambre des
comptes.

Cet officier établit :

1° Que les terres et seigneurie de Poissy, Sainte-James font partie des domaines cédés par le roi à Frédéric-Maurice de la Tour d'Auvergne, duc de Bouillon, par contrat du 20 mars 1651, en échange des propriétés de Sedan et Raucourt;

2° Que ces domaines étaient alors possédés à titre d'engagement par le président Maisons; que, — depuis, et bien que, par arrangement particulier de 1673, il ait été convenu qu'ils resteraient au président, qui donnerait en échange la terre de Grizolles en Normandie, — ces domaines n'ont pas changé d'état;

3° Que d'ailleurs plusieurs actes, qui ont dû intervenir pour reviser, entre le duc de Bouillon et les héritiers Maisons, l'évaluation des domaines cédés par le roi au duc de Bouillon, — ne sont pas intervenus;

Et 4° que de leur revente peut résulter une soulte, au profit du roi, assez considérable pour faire distraire de cet échange une partie du domaine de Poissy.

Sur quoi, la chambre des comptes entend déclarer que ces biens n'appartiennent pas à M. de

Soyecourt, qui ne peut vendre ce qu'il ne possède pas.

En conséquence, la terre et seigneurie de Poissy, Sainte-James fut distraite de la vente de Maisons, dont le prix, par arrêt du parlement de 1781, fut fixé à 1,500,000 livres, que monseigneur le comte d'Artois consentit à payer.

Comment, après cela, se termina la contestation entre le roi, la comtesse Bérenger et M. de Soyecourt, si toutefois la comtesse poursuivit son droit jusque-là? C'est ce que nous ne savons pas, et, d'ailleurs, ce n'est plus notre affaire. Voici le comte d'Artois bien et dûment propriétaire de Maisons; c'est de son passage au château qu'il convient à présent de s'occuper.

Cependant, avant d'en finir tout à fait avec M. de Soyecourt, rapportons deux épisodes de la vente, qui n'ont pu trouver place plus haut, et qui achèvent de peindre le marquis.

« Comme on connaît les saints, on les adore, » dit le proverbe; comme on connaissait M. de Soyecourt et l'état de ses affaires, on avait pris des précautions contre lui; et, entre autres articles du contrat de vente, il en fut inséré un qui n'était pas du goût du marquis. Il avait trait aux biens de

Poissy, Sainte-James, dont le vendeur n'avait pu cacher l'état de substitution, mais qu'il présenta, sans doute, comme pouvant être l'objet d'un arrangement facile avec les intéressés. Cet article disait : « Pour la garantie de certains droits, et jusqu'à leur entière libération, le comte d'Artois retiendra par ses mains *un million*, duquel il payera l'intérêt à 5 pour 100, et, dans le cas où le susdit million serait plus que suffisant pour remplir les formalités du remplacement de la substitution, ce qui en restera sera payé à M. de Soyecourt, à *sa* volonté. »

Bien que la lecture de cette clause ne lui agréât point, le marquis la lisait néanmoins, en se disant qu'il lui conviendrait fort de toucher immédiatement le reste de ce million, dont le payement pourrait tarder encore longtemps. Or, à force de la lire, il arrêta sa réflexion sur cette phrase : « Ce qui en restera sera payé à M. de Soyecourt, à *sa* volonté ; » et, se frappant le front, il se dit « qu'à *sa* volonté signifiait sa volonté à lui, M. de Soyecourt ; » — et vite un Mémoire fut présenté à l'acquéreur pour lui prouver le droit de M. de Soyecourt à se faire payer à sa volonté, qui était nécessairement que ce fût à l'instant même.

« Ces termes sont, en effet, dit le Mémoire, que la vente est faite moyennant 2,300,000 livres de prix principal, francs deniers *au vendeur*, que ledit Sainte-Foy oblige M. le comte d'Artois à *lui* payer *à sa volonté*. Or ce pronom *lui* est évidemment relatif au vendeur; et par conséquent ces mots *à sa volonté*, qui suivent immédiatement, ne peuvent se rapporter qu'à lui seul. »

Ici le Mémoire voyait les représentants du prince faire non de la tête; aussi, sans attendre la réplique, continuait-il en appelant la grammaire à son aide pour renforcer l'argument :

« Cette clause, où le pronom *lui* est mis à la place du *nom*, est absolument la même que si, en mettant le nom à la place du pronom, on eût dit : « Ledit Sainte-Foy oblige M. le comte d'Artois de « faire payer *à M. de Soyecourt, à sa vo-* « *lonté*, etc... » Or il est de la dernière évidence que ces derniers mots *à sa volonté* ne peuvent être entendus que de la volonté de M. de Soyecourt. »

A quoi M. Sainte-Foy répondit : « Que la phrase, tout ambiguë qu'elle fût, ne pouvait s'interpréter ainsi; que *à sa volonté* était à la volonté de monseigneur le comte d'Artois, puisqu'il payait l'intérêt

de 5 pour 100 de la somme, ce qui constituait
un intérêt plus fort que celui que rendait la terre; »
— et il eut facilement gain de cause.

Mais, à lire ce Mémoire du marquis, ne semble-
t-il pas entendre le plaidoyer de Bartholo sur la
conjonction alternative *ou* : « Je payerai à la demoiselle, *ou* je l'épouserai, » qu'il veut expliquer
dans le sens de *où*, adverbe de lieu : « Laquelle
somme je lui rendrai dans ce château où je l'épouserai, dans lequel je l'épouserai. » Cependant on ne
peut point accuser M. de Soyecourt de plagiat; ce
Mémoire est de 1779, et la première représentation
du *Mariage de Figaro* n'eut lieu que cinq ans plus
tard, le 27 avril 1784.

C'était un homme fertile en expédients que
M. le marquis de Soyecourt, mais c'était aussi un
seigneur impatient, et dont l'impatience dépassait
les bornes, lorsque les choses n'allaient pas au gré
de son bon plaisir. C'est ainsi qu'un jour, un
31 octobre 1778, le payement d'une échéance lui
ayant été refusé à cause d'une mainlevée qu'il
ne produisait pas, il écrit à M. Sainte-Foy une
lettre dans laquelle il s'oublie jusqu'à insinuer
que l'argent qu'il n'a pas reçu est resté aux mains
des intendants des finances du comte. L'épître

d'ailleurs est le comble de l'impertinence : « Je
n'ai jamais eu que de bons procédés vis-à-vis de
vous, et je veux les continuer... » dit-il, en commençant, à M. Sainte-Foy, à qui il reproche
d'avoir médit de lui.

Mais M. Sainte-Foy, chevalier, ancien ministre
plénipotentiaire de Sa Majesté auprès du prince
régnant des Deux-Ponts, n'était pas un personnage
de petit état à souffrir les insolences de qui que
ce fût. Il répondit aussitôt de la bonne encre à
M. le marquis :

« Monsieur le marquis, je suis très-éloigné d'a-
voir mérité l'imputation de vous avoir nui dans l'esprit des ministres de Sa Majesté, et de vous avoir
attiré une lettre de M. Amelot, que j'ignore, et
qui cependant pourrait bien avoir eu des motifs
très-étrangers aux intérêts de monseigneur le
comte d'Artois, et dont tout le monde à peu près
a eu connaissance... Je ne traite point les affaires
légèrement... Je ne dénoncerai pas à monseigneur le comte l'assertion singulière que les fonds
qu'il a déposés sont retournés dans son trésor,
parce que M. d'Anjou est un des receveurs des
consignations ; je vous laisse à juger vous-même
combien elle paraîtrait peu mesurée. Vous devez

sentir qu'en m'écrivant que vous mettez peu de conséquence à la perte de ces arrérages, c'est une injure grossière et ridicule que d'ajouter que le conseil d'un prince peut être soupçonné d'avoir cherché à les gagner à vos dépens. »

M. de Soyecourt ne répliqua pas.

Tel était donc le marquis dans ses relations, et, en voyant son humeur, assurément cette réflexion doit venir au lecteur que sa femme, s'il en avait une, pouvait bien ne pas être la plus heureuse marquise du monde en ménage. — Madame de Soyecourt, née princesse de Nassau, paraît en effet s'être séparée de son mari, et n'avoir pas toujours, au couvent où elle se retira, reçu très-exactement les quartiers de sa pension. Nous avons eu sous les yeux une lettre de cette dame à M. Sainte-Foy, dans laquelle elle expose qu'elle a trouvé quelqu'un qui lui prêtera l'argent dont elle a besoin pour son entretien, si M. Sainte-Foy veut en garantir le payement sur les sommes que le comte d'Artois reste devoir à son mari. La lettre est datée du monastère royal de Sainte-Élisabeth, vis-à-vis le Temple.

Revenons à la propriété de Maisons, qui, dans les premiers temps de la possession du comte d'Artois, courut grand risque d'être morcelée, et, pis que cela, de voir le château démoli. Disons comment.

Différents actes et Mémoires font connaître que le comte d'Artois ne fit l'acquisition de Maisons que parce que, le roi lui ayant donné le château de Saint-Germain, sans comprendre la forêt dans ce don, il lui était nécessaire d'y joindre un parc.

Or, l'année d'ensuite, le roi parut désirer que le comte lui cédât, — non pas Maisons pour joindre un château à sa forêt, — mais seulement le parc de Maisons. Il était à sa convenance de le réunir à la forêt de Saint-Germain, qu'il continuait.

Deux offres furent faites. La première de payer ce parc à raison de 1,800 livres l'arpent, soit, pour les 500 arpents, 900,000 livres. — La seconde de l'échanger contre le Vesinet, et la réserve des baliveaux dans la forêt de Saint-Dizier, en Champagne. D'un côté, les besoins de la guerre empêchèrent le ministre de donner suite à cette dépense de 900,000 livres; de l'autre, les objections du comte sur le Vesinet firent échouer les propositions d'échange; le comte disait que le Vesinet « est moins un bois qu'une continuité de terrains vains et vagues. » — A vrai dire, le prince, dans le premier ravissement de sa nouvelle propriété, n'obéissait qu'à regret à son frère, et n'avait nulle envie de céder son parc.

Quatre ou cinq ans plus tard, ses sentiments changèrent, et ce fut lui qui désira que le roi reprît cette affaire. La satiété était-elle venue? Le comte s'apercevait-il que les dépenses de la restauration, ajoutées au prix d'acquisition, formaient un gros capital pour un simple revenu de 40,000 livres? Était-il gêné d'argent, comme il lui arriva souvent? — Cette dernière hypothèse est admissible devant les Mémoires qu'il adresse au roi pour que la somme de 900,000 livres, précédemment proposée, soit portée au chiffre rond d'un million.

La tactique, en effet, des quêteurs d'argent est employée dans ces Mémoires. On y crie misère. En résumé, qu'a-t-on acheté? un château délabré et une terre, mais quelle terre! *si on en excepte le grand parc de 500 arpents qui forme le seul agrément, et, pour ainsi dire, toute la consistance de la propriété.* Une terre où il ne restera qu'un *petit parc en mauvais état, un moulin sur la rivière, dont la reconstruction devient de jour en jour plus nécessaire,* et 200 petits arpents de méchantes terres, vignes et prairies, accompagnées de *droits seigneuriaux si minces*, que ce n'est pas la peine d'en parler.

Or, si l'on prend la plus belle partie de cette terre, autant dire la terre tout entière, puisqu'elle n'a de valeur que par le parc, n'est-il pas *juste de la payer les deux tiers du prix de l'acquisition*, soit un million ?

Cette justice ne paraissant pas contestée, le comte, enhardi, vit son affaire déjà bonne, et nécessairement la voulut meilleure. Le Mémoire alors devient insinuant. Pourquoi le roi n'achèterait-il pas le reste des terres, petit parc, vignes, prairies et moulin ? Le rapport n'en est pas gros, il est vrai, cependant il n'est pas non plus tout à fait nul, — et, d'ailleurs, ce sont des considérations d'un autre ordre qui engagent à soumettre respectueusement cette proposition. La proximité, la contiguïté de ces terres est telle, que Monseigneur a pensé « qu'il conviendrait peut-être de les réunir à la forêt de Saint-Germain, qu'on peut considérer comme le patrimoine de nos rois. » Le comte offre donc de les vendre, et son Mémoire ajoute : « Au moyen de quoi, il ne reste plus que le château de Maisons. Le roi répugnerait sans doute à l'acquérir, mais il serait facile d'en ordonner la *démolition* pour continuer le parc ou plutôt la forêt de Saint-Germain jusqu'à la rivière[1]. »

Démolir le château de Maisons! Mânes de Mansart et des Longueil, vous avez dû frémir dans votre tombeau. Démolir le château! O prince! vous ignoriez donc votre trésor, que sans plus de façons et avec ce léger dégagement vous auriez commis ce vandalisme! « Le château retient le roi d'acquérir Maisons, vite qu'on jette le château par terre et que je rentre dans mes déboursés! » Par bonheur pour votre mémoire, prince très-excellent, le roi n'alla pas plus loin et les choses en restèrent là.

Monseigneur le comte d'Artois dut donc prendre son parti de garder le château de Maisons, et semble l'avoir pris fort galamment : il y donna des fêtes magnifiques auxquelles assistèrent Louis XVI avec Marie-Antoinette, et le conserva, dans un grand état de prospérité, jusqu'à la Révolution.

[1] Archives impériales.

CHAPITRE VIII

La Révolution au château de Maisons. — Les corridors et les *collidors* du procès-verbal d'apposition de scellés. — L'émigré Capet. — Le citoyen et la citoyenne Chéron, régisseurs. — Leur régie. — Réclamation de la citoyenne veuve. — Délibération à ce sujet. — Comme quoi la République ne se trouve pas assez riche pour entretenir des domaines princiers. — Maisons et ses dépendances mis en vente à titre de biens nationaux. — Le citoyen Lanchère, fournisseur et entrepreneur de transports militaires, adjudicataire.

Vers 1770, M. de Soyecourt, qu'on retrouve toujours sur le terrain de la chicane, eut un procès avec l'abbé Burat de Villiers, prieur commendataire du prieuré simple de Saint-Germain-en-Laye et Saint-Nicolas de Maisons-sur-Seine. Le prieur demandait à être maintenu dans les droits et professions, que le marquis refusait de reconnaître :
« 1° de percevoir et de faire percevoir le dixième

des droits d'acquit, port, traverses, péage, passage
et pontonnage qui sont dus et se perçoivent dans
l'étendue de la seigneurie de Maisons sur la rivière
de Seine; 2° de percevoir le dixième dans toute
l'étendue du parc dudit Maisons et terres y attenant. » M. de Soyecourt fut condamné, et le prieur
ainsi rétabli, — lorsque le comte d'Artois devint
acquéreur, — offrit au nouveau propriétaire de lui
vendre ses droits moyennant une rente annuelle
de quinze cents livres, ce qui fut accepté. L'abbé
changea de résidence, il devint prêtre à Tours, où
il toucha régulièrement sa rente jusqu'en 1790.
Mais, à cette époque, il éprouve du retard dans un
payement qu'il attendait à jour fixe. Il écrit, le
15 octobre 1790, à M. Gobaut, secrétaire de la
commission chargée des affaires de monseigneur
le comte d'Artois, en ses bureaux, rue Neuve-Saint-
Augustin, et lui exprime ses craintes. Hélas ! toute
la France avait les siennes à ce moment-là, et les
alarmes du frère du roi n'étaient pas moindres
que celles du pauvre prêtre. — Ce document est,
pour nous, la première apparition de la Révolution
au château de Maisons.

Un an plus tard, elle s'y montre sous son jour
grotesque. Le comte d'Artois est émigré; la Na-

tion met ses biens sous le séquestre, et voici M. le
maire, ceint de son écharpe, suivi de son greffier et de deux officiers municipaux assistants,
qui se présente au château. M. le maire n'est plus
Gros-Jean, comme devant, et son importance traite
de supérieur à inférieur M. Bazile Ragaiez, à qui
jadis il a parlé différemment. M. Ragaiez fut le
dernier régisseur de Maisons pour le comte d'Artois. Le maire lui décline sa mission, et lui or-
donne de le conduire, avec ses acolytes, jusque
dans les plus secrets recoins du château, pour
qu'ils y apposent les scellés. Le régisseur ne leur
fait grâce d'aucun placard, et les fait passer par
tous les couloirs ou corridors du monde, clairs,
noirs ou obscurs, si bien que sur son procès-verbal, qu'il écrit sur le genou, et qui commence
ainsi :

« Du 23 juin 1791, — procès-verbal d'apposition de scellés, — nous, *Mair* et officiers municipaux de la municipalité de Maisons-sur-Seine, —
en conséquence de la lettre à nous adressée par
M. le procureur syndic du district de Saint-Germain-en-Laye, etc. [1]... »

---

[1] Archives impériales.

Si bien, disons-nous, que le greffier, qui ne pourra manquer de devenir l'instituteur de la commune républicaine, est fort embarrassé au milieu de ces corridors. — Corridors, il a bien entendu que parfois certaines gens, en en parlant, les appelaient ainsi : *corridors;* mais lui ne les a jamais nommés autrement que *collidors.* Qui de lui ou de ces gens a raison? Son honnêteté ne veut pas donner tort aux autres; sa modestie lui défend aussi de se croire le mieux disant, et pourtant il ne peut se croire un âne. Quelqu'un de sot resterait perplexe; M. le greffier pense qu'en ce temps d'égalité il faut satisfaire le goût de chacun, il plonge sa plume dans son cornet suspendu en bandoulière, et résolûment, au premier couloir qu'il traverse, il écrit : « *Item,* à la porte d'un *corridor...* » et au second : « ... arrivés à la chambre située au bout d'un long *collidor.* » De telle sorte qu'alternativement ce procès-verbal, curieux par l'orthographe, est émaillé de *corridors* et de *collidors.*

Après l'apposition des scellés, la mission du maire et des officiers municipaux n'était pas terminée. Il y avait dans le village une maison aptenant au comte d'Artois, et que le comte affectait généreusement au service des sœurs de charité chargées du soin des malades et de l'éducation des enfants. Les comptes de Maisons constatent que sa bienfaisance leur allouait en outre une somme annuelle de six cents livres. Les officiers municipaux s'y transportèrent en cérémonie, et, le 8 juillet, ils y retournèrent, mais cette fois avec un devoir plus solennel à remplir. Il s'agit de donner connaissance aux sœurs de la constitution nouvelle, qui les regarde, en leur qualité d'institutrices, comme des fonctionnaires publics, et leur enjoint de prêter serment. Et déjà, *nous*, *Mair*, nous nous préparons à recevoir dignement, ainsi qu'il convient à un représentant du gouvernement pénétré de sa haute fonction, le serment des saintes filles : « Jurez donc, mes sœurs ! »

Mais les sœurs dirent, — le procès-verbal le transcrit, — « avoir pleinement connaissance de la loi qui leur enjoint de prêter serment comme personnes chargées de l'instruction publique; mais que, quand bien même elles seraient considérées comme fonctionnaires, leur conscience ne leur permettrait pas de prêter serment, — et qu'elles se retiraient. »

Qui fut penaud? ce fut M. le maire, qui s'en retourna comme il était venu, plus triste peut-être, et l'âme chagrine; car, après tout, ces sœurs, que le frère du tyran entretenait, étaient des femmes du bon Dieu, secourables à tous, et qui élevaient à sa pleine satisfaction et gratis sa petite dernière. Mais, hélas! les grandeurs s'achètent, et, quand on est dans les dignités, il faut se faire une raison, même contre son cœur.

Nous arrivons à l'année 1792. Les biens de celui qui s'appelait Charles-Philippe, comte d'Artois, fils de France, frère du roi, duc et comte d'Auvergne, duc de Mercœur, de Berry et de Châteauroux, comte d'Argentan, seigneur d'Henrichemont, comte de Penthièvre, duc d'Angoulême, ne sont plus, sur les actes qui les concernent, que les biens de l'émigré Capet : la Nation, avons-nous dit, les a mis sous le séquestre, et elle les administre. M. Ragaiez est remplacé par le citoyen et la citoyenne Chéron, en qui l'administration a toute confiance, moyennant un bon cautionnement et sous le contrôle du receveur de l'enregistrement; le couple régisseur devait en effet présenter, le 1ᵉʳ de chaque trimestre, au receveur de l'enregistrement de Saint-Germain-en-Laye, le registre des recettes et dépenses pour être, par lui, vu et arrêté. Le mari et la femme recevaient pour leurs soins un traitement de quinze cents livres. Ils entrèrent en fonctions le 16 août 1792[1].

La régie allait tant bien que mal, plutôt mal que bien, en ce sens que les dépenses avaient tout l'air de l'emporter sur les recettes. Comment cela peut-il se faire dans une propriété si belle, et dont les ci-devant tiraient encore un gros parti? Il faut examiner cela. La commission nommée pour cet objet se fait représenter les comptes; elle jette à peine les yeux au chapitre des charges qu'elle s'écrie : « Voilà bien la cause de la ruine! un vacher, deux vachers, une vachère, une fille de basse-cour, les uns à douze sous, les autres à quinze sous par jour, c'est-à-dire des gens qui, l'un portant l'autre, touchent de dix-huit à vingt-deux livres par mois; puis des hommes de peine, des faucheurs, des émondeurs, des jardiniers, tout un monde qui suce le meilleur du produit du domaine; voilà, voilà la dilapidation! »

Qu'auraient-ils dit, ces braves citoyens, s'ils avaient imaginé le nombre des serviteurs à gages, au château, sous l'ancien régime[2]; si on leur avait

----

[1] Archives de Versailles.

[2] « État des gages des serviteurs de Maisons :

« Bazile Ragaiez, régisseur, 4,000 liv. — Boulinier de la Martinière, indit que M. de Soyecourt payait son dernier jardinier, le sieur René Demarne, neuf cents livres; si on leur avait dévoilé que le comte d'Artois en donnait tout autant à un tondeur d'arbres, le sieur Dubreuil, avec lequel il passait, le 1er septembre 1778, un marché pour neuf années [1] ! Neuf cents livres à un tondeur de charmilles, eux qui ne payaient jamais plus de la moitié d'un petit écu par mois au tondeur qui leur coupait les faces et leur rognait la queue après les avoir accommodés !

Le receveur de l'enregistrement, qui avait à défendre les comptes, par lui approuvés, du citoyen et de la citoyenne régisseurs, leur en toucha bien deux mots, ajoutant qu'il n'en allait point d'une

specteur des chasses, 2,400 liv. — Dupont et Goupy, gardiens des chasses, 800 liv., plus à chacun une corde de bois, 150 fagots et 35 livres de chandelles. — Koller, jardinier, 1,200 liv., 2 cordes de bois, 200 fagots et 40 livres de chandelles; il est habillé tous les deux ans. — Marie, frotteur, 600 liv., habillé tous les trois ans.— François, deuxième frotteur, 300 liv. — Marie, ménagère, 600 liv., chauffée et éclairée.— Deux filles avec elle, 200 liv. chacune. — Une fille de basse-cour, 120 liv. — Une deuxième fille de basse-cour, 96 liv. — Faureau, garçon de ferme et son frère, 94 liv. — Marié, portier, 400 liv., habillé tous les trois ans, 3 cordes de bois, 150 fagots, 35 liv. de chandelles. — Euconeau, portier, idem. — Champion, délivreur*, 450 liv. — Deux sœurs de charité, 300 liv. chacune. — Médecin, 300 liv. »

[1] Archives impériales.

* Le délivreur était le domestique chargé de distribuer les vivres.

vaste propriété comme d'un petit bien de paysan;
qu'il fallait, sous peine de prompte décadence, un
grand entretien là où il y avait un grand terrain,
et de nombreux journaliers sur une terre où les
produits étaient multiples; que, d'ailleurs, l'année
avait été mauvaise, et que les denrées de campagne, par la faute des temps, se voyaient à si bas
prix, qu'on devait presque les donner pour trouver
marchand.

Pour cette fois, on voulut bien passer condam-
nation; mais voilà que peu après le citoyen Chéron
s'en va de vie à trépas, et que la citoyenne Chéron,
qui avait continué la régie de son défunt mari,
présente, au bureau des émigrés de Seine-et-Oise,
une réclamation de six mille sept cent soixante-
deux livres six sous deux deniers. La réclamation
est du 4 germinal an III.

Qu'est-ce que cela veut dire? La citoyenne veuve
prétendrait-elle que, loin d'avoir fait ses affaires
dans sa régie, elle y aurait mis du sien? On s'as-
semble de nouveau, on examine encore, on déli-
bère; la réclamation se trouve juste, et l'on décide
que l'administration n'a qu'à s'exécuter. Mais en
même temps il semble qu'on soit d'avis que la
République n'est pas assez riche pour entretenir

des domaines princiers, et que si, par hasard, il se rencontrait un acquéreur pour Maisons, ce serait un excellent débarras que de lui adjuger le château, le parc et les dépendances.

En conséquence, le domaine de Maisons fut mis en vente à titre de bien national, et adjugé, le 6 pluviôse an VI, au citoyen Lanchère, pour la somme de huit cent cinquante-trois mille huit cent cinquante-trois livres. Le sieur Jean Lanchère était fournisseur et entrepreneur de transports militaires. Il n'y avait alors que ces gens-là qui eussent de l'argent; la poche des Riz-pain-sel était pleine de l'or de la France. C'était à eux surtout que la gloire de nos armes rapportait.

Le passage du citoyen Lanchère au château est insignifiant. On doit lui savoir gré de l'avoir respecté. Il le garda pendant sept ans.

CHAPITRE IX

—

**LE MARÉCHAL LANNES. — M. JACQUES LAFFITTE.
M. THOMAS, DE COLMAR.**

Le maréchal Lannes à Maisons. — Le poëte Guillard. — Les peupliers de la pelouse. — Démêlés entre la duchesse de Montebello et les ponts et chaussées à propos de la construction du pont de Maisons. — M. de Guéhéneuc et le comte Molé. — Une redevance d'œufs durs — Ce que les armées du roi de Prusse coûtèrent au village de Maisons. — Le château sous la Restauration. — M. Laffitte y réunit les coryphées du parti libéral; — il y donne l'hospitalité à Manuel et à Béranger. — Manuel y meurt. — Ce que furent ses obsèques. — Démolition des écuries du château. — L'abreuvoir. — Les grottes en coquillages; — qui en était l'inventeur. — La colonie de Maisons-Laffitte. — En quelles excellentes mains se trouve aujourd'hui le château pour sa conservation.

—

Le glorieux maréchal qui devait être plus tard duc de Montebello, du nom de sa mémorable victoire, venait d'être fait maréchal de l'Empire quand il acheta le château de Maisons. C'était en 1804, après la proclamation du premier Empire. L'acte de vente est daté du 26 vendémiaire an XIII.

Le maréchal n'acquit d'abord que le château avec les plus proches dépendances, au prix de quatre cent mille francs. Par la suite, il compléta son acquisition, et fit de ce beau domaine son séjour de prédilection. C'est là qu'il venait, au milieu de sa famille et d'un très-petit nombre d'amis, se reposer, entre deux batailles, des fatigues de la guerre.

Il paraît que le citoyen Lanchère, pas plus que la République, n'avait pu donner à Maisons les soins nécessaires à sa conservation. Le château demandait de grandes réparations; le parc, envahi par la ronce et les pousses folles des arbres, ne présentait plus aucun dessin; les terres et les jardins ne montraient plus qu'une vaste plaine sans valeur. Tout était à recréer. Le maréchal avait du goût pour les travaux des champs. Il mit d'abord son zèle et son amour-propre à rendre à la propriété sa splendeur passée. Lorsqu'il y fut parvenu, il tourna ses soins du côté du faire valoir, et se donna toutes les occupations, toutes les jouissances aussi du gentilhomme fermier. C'était avec une sorte de passion qu'il suivait les détails les plus minutieux d'une grande exploitation rurale. Il y avait du soldat laboureur chez tous ces héros de la grande armée. M. Guillard, à qui nous empruntons quelques-unes de ces particularités, nous apprend encore que le maréchal avait établi à Maisons un troupeau de mérinos purs, un des plus beaux et des plus complets qu'il y eût alors en France [1].

Guillard, le poëte de l'opéra d'*OEdipe à Colone*, fut dans l'intimité du maréchal, et resta le commensal du château après la mort de son illustre ami. Delort, dans ses *Voyages aux environs de Paris*, cite une lettre de lui, datée de Maisons, qui peut servir à l'histoire des lettres, et qu'à cause de cela nous reproduisons en note. On y verra la condition qui était faite alors aux auteurs, condition bien changée à cette heure, mais à laquelle il reste encore beaucoup à faire pour que la propriété littéraire ne soit plus un leurre [2].

[1] *Tableau de l'homme privé*, par M. Guillard, dans l'introduction du livre de M. René Perin intitulé : *Vie militaire de J. Lannes, maréchal de l'Empire, duc de Montebello*, 1809.

[2]
« Maisons, ce 14 février 1811.

« Monsieur,

« Je travaille depuis trente-deux ans pour le théâtre de l'Académie impériale de Musique. Quelques succès ont suivi mes efforts. J'ai composé, avec Glück, *Iphigénie en Tauride*, qui fut donnée en 1779. J'ai, depuis, fait, avec Sacchini, *Chimène*, *Dardanus*, *OEdipe à Colone*, *Arvire et Évélina*; avec le Moyne, *Électre*; avec Paësiello, *Proserpine*, et

Un boulet de canon emporta, sur le champ de bataille d'Essling, la précieuse vie du maréchal. — « Dans une heure, dit-il, en ce moment suprême, à l'Empereur accouru pour l'embrasser une dernière fois, vous aurez perdu celui qui meurt avec la conviction d'avoir été et d'être votre meilleur ami. » Napoléon, qui savait en effet le cœur qu'il

avec Lesueur, la *Mort d'Adam*. Ainsi mon nom s'est lié avec celui des plus grands compositeurs de notre siècle.

« Quatre ans avant la Révolution, le gouvernement avait chargé l'Académie de donner des prix annuels aux meilleurs poëmes lyriques. Dans les quatre concours qui eurent lieu, *OEdipe à Colone, Arvire et Évélina, Elfrida*, poëme non imprimé, furent couronnés successivement ; *Oreste* obtint une mention honorable. Ce dernier ouvrage, également inédit, eut depuis sur tous les autres un avantage inappréciable : ce fut de fixer un moment l'attention de Sa Majesté, qui daigna l'honorer de son suffrage et charger le célèbre Paësiello de le mettre en musique.

« Je ne suis plus jeune, et j'ai une famille à soutenir. Je n'ai pour fortune que le produit de mes ouvrages, qui se réduit à la faible rétribution de 66 francs par représentation, et un traitement annuel de 3,000 francs qui en fait partie ; encore en ai-je été privé pendant les sept années de nos troubles révolutionnaires : c'est un fait connu.

« Si l'on daignait prendre en considération les faibles services que j'ai pu rendre et les pertes que j'ai éprouvées, peut-être trouverait-on un moyen facile de dédommagement.

« Quel que puisse être le succès de ma démarche, je n'en serai pas moins pénétré de la plus vive reconnaissance pour l'intérêt que vous avez bien voulu témoigner prendre à moi. Je ferai des vœux pour vous : ce sera en faire pour les lettres, que vous aimez et que vous appréciez.

« Je suis, etc.

« GUILLARD. »

perdait, avait les larmes aux yeux en recevant cet adieu. Plus tard, en rappelant cette mort dans le *Mémorial de Sainte-Hélène*, il fit ainsi l'éloge de son fidèle lieutenant : « Il était impossible d'être plus brave que Murat et Lannes. Murat n'était demeuré que brave. L'esprit de Lannes avait grandi au niveau de son courage; il était devenu un géant. S'il eût vécu dans ces derniers temps, je ne pense pas qu'il eût été possible de le voir manquer à l'honneur et au devoir. Il était de ces hommes à changer la face des affaires par son propre poids et sa propre influence. »

N'omettons point une petite singularité qui se rattache au souvenir du maréchal à Maisons. Le visiteur remarque aujourd'hui, sur les pelouses qui s'étendent devant le château, un certain nombre de peupliers disposés dans un ordre incompréhensible. Chacun de ces arbres représente un corps de troupes, et leur ensemble le plan stratégique d'une des batailles gagnées par le maréchal. Le vainqueur avait lui-même planté ces peupliers.

La maréchale continua d'habiter Maisons après la mort de son mari. Elle y reçut quelquefois la visite de l'Empereur. L'Empereur chassait souvent du côté de Maisons, qui n'avait alors qu'un bac sur la Seine; il comprit l'incommodité de ce bac pour les riverains, et décréta la construction d'un pont de pierre. On résolut en même temps la route de Bezons.

Les jardins du château descendaient encore, à cette époque, jusqu'à la Seine. La construction du pont et de ses abords nécessita l'expropriation d'une partie de ces terrains. Il en fut pris, tant dans le parc que dans le jardin et près du bac, une étendue de un hectare soixante-quinze ares soixante centiares, pour laquelle l'indemnité allouée monta à dix mille six cent trente-six francs trente-cinq centimes, qui ne furent payés qu'en 1817. — Mais, si l'administration était lente à payer, elle était plus prompte à construire. Elle posa la première pierre du pont en 1811, et, de ce moment, les ouvriers établirent leurs chantiers.

Il avait été entendu que les manœuvres iraient prendre le sable du mortier dans le petit bras de la Seine. Mais, pour arriver à la rivière, on devait passer sur un terrain que l'expropriation avait laissé à la duchesse, entre le bord de l'eau et la partie expropriée. Ce fut là grand sujet de contestation. Conterons-nous cet épisode, qui fit noircir beaucoup de papier, écrire beaucoup de lettres conservées aux archives de Versailles, parmi les pièces relatives à la construction du pont de Maisons? Il montre d'abord comment de rien la bureaucratie sait faire quelque chose, et prouve, en outre, l'incontestable vérité de ces deux proverbes : « Qui terre a guerre a. » et qu'en toutes choses « il vaut mieux avoir affaire à Dieu qu'à ses saints. » Contons donc.

Les ouvriers sont, de leur nature, peu soigneux du bien d'autrui; ils descendaient à la file à la rivière, et remontaient à l'assaut des berges, en poussant devant eux leurs brouettes pleines, sans trop s'inquiéter du sol qu'ils foulaient; ils écorchaient les arbres, ils écrasaient les jeunes tiges. On leur dit d'abord d'y prendre garde; à quoi ils répondirent qu'il fallait bien qu'ils se frayassent un passage. — « Alors, reprit la duchesse, vous ne passerez pas du tout. » — Elle donna des ordres à ses gens; si bien que, chacun voulant soutenir son droit, les ouvriers d'un côté, les domestiques de l'autre, on en vint aux coups, et la gendarmerie s'en mêla. Procès-verbal du dégât commis est dressé, et défense est faite de brouetter sur les terres du château; mais les ponts et chaussées n'en

tiennent compte; les opposants réclament auprès
du préfet de Seine-et-Oise, M. le comte de Grave,
qui demande un rapport, lequel rapport déclare
que les plantations ont souffert. Si elles ont souffert, il est dû une indemnité. Là-dessus cri de
triomphe, tout va s'arranger, on passera, on arra-
chera, on brisera, mais on payera. Point du tout.
Sur ce chef du dommage une nouvelle et longue
correspondance administrative s'engage pour n'a-
boutir qu'à des lenteurs. — Fatigué d'avoir affaire
aux bureaux et de n'avancer à rien, le comte de
Guéheneuc, sénateur de l'Empire, qui a pris en
main les affaires de madame de Montebello, sa fille,
s'adresse alors sans intermédiaire au comte Molé,
directeur général des ponts et chaussées. Tout en
demandant la liquidation de l'indemnité, il lui
rappelle une promesse antérieurement faite de venir dîner à Maisons, et termine en disant « qu'il
bénirait cette difficulté, au lieu de s'en plaindre, si
elle lui procurait le plaisir de le recevoir[1]. » — Assurément rien n'était mieux dit ni mieux adressé,
l'étant à l'homme du monde le plus courtois; et,
sans savoir autrement si le comte Molé vint traiter

---

[1] Archives de Versailles.

la petite difficulté à Maisons, nous pouvons affir-
mer qu'il en fit hâter la solution.

La prise du sable dans le petit bras de la Seine
alla donc dorénavant sans encombre, et les habitants de Maisons prirent plaisir à voir sortir les
piles de la rivière, jusqu'au jour où on leur dit
que, certes, leur pont serait beau, mais qu'ils en
sauraient le prix, vu qu'on y établirait un péage.
Les gens de Maisons possédaient douze cents arpents de l'autre côté de la rivière; à tout instant
les besoins de la culture les obligeaient à passer
l'eau; la taxe devait leur devenir onéreuse. Ils prirent peur, et s'empressèrent aussitôt de présenter
à l'autorité une requête pour l'exemption de la fu-
ture taxe [1], se fondant sur « un acte du 8 novembre 1639, contenant, à leur profit, la confirmation
d'un droit de franchise sur le bac de Maisons, en
considération de la cession, faite par eux, au seigneur de leur commune, de dix arpents d'île, moitié de vingt dans l'île de Belle-Isle. » René de Longueil, le seigneur qui leur avait confirmé ce droit,
l'avait fait moyennant une redevance, au passager,
d'une demi-douzaine d'œufs, par chaque habitant,

[1] Archives de Versailles.

au jour de Pâques. Les réclamants ne disaient pas s'ils continueraient cette redevance d'œufs durs au gardien du pont, au *pontife*, comme on appelle ces petits receveurs dans les environs de Maisons. Au reste, l'administration, croyons-nous, n'ayant jamais eu l'intention de percevoir un droit de passage sur cette voie d'utilité publique, la requête demeura sans objet.

Ce pont, dont on posa la première pierre en 1811, ne fut terminé qu'en 1821 et 1822; il était resté imparfait jusque-là, par suite des deux invasions, qui furent, pour le village de Maisons, un temps de calamité dont les états officiels peuvent seuls donner l'idée.

En juin 1815, Blücher vint camper sur les bords de la Seine, et requit les habitants de Maisons de fournir des vivres à ses quarante mille hommes. C'était demander l'impossible à des gens que 1814 avait déjà mis à bout de ressources. Sur leur réponse, le général prussien livra la commune au pillage.

Or, après la paix, un registre fut ouvert, portant cette suscription : « Registre ouvert par le maire de Maisons, pour recevoir la déclaration des habitants qui ont éprouvé des pertes et dévastations par le séjour et passage de la première colonne de l'armée prussienne, depuis le **20** juin jusqu'au 6 juillet 1815. » C'est-à-dire dans l'espace de quinze jours. — Ce registre comprend cent quarante-cinq réclamants, dont les réclamations montent ensemble à quatre-vingt-quatre mille huit cent soixante et un francs quinze centimes [1].

Un « état approximatif des charges supportées par la commune, de juin à octobre 1815, par l'occupation des troupes étrangères, leur séjour ou leur passage, » évalue le dommage total à la somme de cent trente-trois mille quatre-vingt-sept francs soixante-cinq centimes [2].

Sur cet état, dressé sur des imprimés d'administration, on remarque une colonne avec cette désignation : « Valeur des effets mobiliers pillés ou détruits. » Elle est triste en son détail, cette colonne trop bien remplie. Les soldats, à qui l'on permettait le pillage pour découvrir des vivres, ne se contentaient pas de l'étable, du cellier et de la basse-cour; ils mettaient à sac les bahuts, les armoires, et cassaient les meubles qu'ils n'emportaient pas; ils volaient l'âne et la charrette du

---

[1] Archives de Versailles.
[2] *Idem.*

pauvre monde, son linge de corps et ses draps de lit; tout leur était bon. C'est ainsi que, sur le tableau figurent des chemises, des coiffes, des robes de femme, et jusqu'à des hardes d'enfants.

Des états aussi éloquents, plus de cent trente-trois mille francs pour une commune de moins de sept cents âmes, ne pouvaient manquer d'attirer sur Maisons les bienfaits réparateurs de l'indemnité. Le village obtint dix mille francs dans la répartition des fonds alloués au département.

La guerre est une belle chose assurément, lorsqu'on la porte chez les autres; mais, quand on la subit chez soi, elle fait faire de tristes réflexions.

Le château, lui, souffrit peu, et dut sans doute ce privilége à la présence des officiers supérieurs qui y logèrent.

Des considérations que nous ignorons décidèrent, après ces événements, madame de Montebello à abandonner Maisons. En 1818, M. Laffitte se présenta pour l'acquérir, et y installa sa popularité, qui allait grandir comme chef de l'opposition libérale.

Maisons fut alors visité par les plus ardents adversaires de la Restauration. C'étaient le général Foy, le général la Fayette, Benjamin Constant,

Manuel, Mérilhou, Thiers, Arago, etc... Tous ces hommes, qui ralliaient à eux les partis hostiles au gouvernement, préparaient les destinées du duc d'Orléans; et les coups les plus dangereux qu'ils firent tomber, du haut de la tribune, sur le trône des Bourbons, furent souvent combinés dans les conciliabules de Maisons. Esprit vif et banquier opulent, Jacques Laffitte était un conspirateur doublement précieux : il avait le conseil, il avait les millions. L'histoire du temps dit qu'il en dépensa vingt pour abattre un trône et en élever un autre.

Mais ce n'est point l'homme politique que nous avons à apprécier dans Jacques Laffitte, c'est le propriétaire du château. Il y exerça grandement l'hospitalité.

Manuel, que son expulsion de la Chambre de 1823 avait décidé à se retirer de la scène politique, trouva sous le toit de Maisons la consolation de ses derniers jours, car il y mourut, comme on sait, le 22 août 1827. Le convoi partit du château, le 24, au milieu d'un grand concours, et sous la protection de la gendarmerie à cheval. L'esprit de parti voulut saisir l'occasion de cette mort pour renouveler les démonstrations qu'il avait faites contre le gouvernement aux obsèques du général Foy. Les élèves des écoles dételèrent le char, et, quelques jours plus tard, M. Mignet, aujourd'hui académicien, publia, des funérailles de Manuel, une relation qui fut poursuivie comme contenant des outrages envers la Chambre de 1823, envers la gendarmerie et le préfet de police.

Manuel, on s'en souvient, le lendemain de son expulsion, reparut sur son banc, et répondit au président, qui l'invitait à se retirer, qu'il n'obéirait qu'à la violence. Un sergent de la garde nationale fut appelé, mais il refusa de porter la main sur un député. Le vicomte de Foucaut, colonel de gendarmerie, survint et donna l'ordre à ses gendarmes « d'empoigner M. Manuel, » ce qui fut fait, et ce qui lui valut le surnom de Foucaut l'empoigneur. Les pages incriminées faisaient allusion à ces déplorables événements, que la discussion sur les fonds à voter pour la guerre d'Espagne avait provoqués. Il y eut grand scandale. MM. de la Fayette, Laffitte, Manuel, frère du défunt, et de Schonen, président à la cour royale, demandèrent à être compris dans la procédure, comme ayant concouru à la rédaction de la brochure, et comme ayant prononcé des discours de nature à être poursuivis. Le **28** septembre, le tribunal prononça un arrêt de non-lieu.

Béranger aussi, dans un moment difficile, habita Maisons. M. Laffitte lui avait donné asile pour dissimuler un secours. Mais les nombreuses assiduités dont le poëte était l'objet au château firent qu'il n'y resta pas longtemps [1].

M. Laffitte, sa conduite envers ses amis l'a prouvé, était un cœur généreux; ce n'était point,

[1] Béranger parle de son séjour à Maisons dans son livre posthume intitulé *Ma Biographie*. L'appréciation qu'il fait du château n'est pas flatteuse pour l'œuvre de Mansart; il semble qu'il ne l'ait vue qu'à travers l'ennui qu'il éprouva chez M. Laffitte, et lui-même n'hésite pas à le reconnaître avec sa bonhomie ordinaire. Il n'est pas né pour les châteaux, avoue-t-il, et puis il n'a jamais pu tourner un couplet à Maisons. Rancune de poëte, alors, peut-on croire, que la boutade que voici :

« Il (M. Laffitte) a commis une faute que je lui ai reprochée bien des fois : c'est d'avoir acheté le fastueux château de Maisons, séjour le plus ennuyeux que je connaisse et qui ne me semblait supportable que lorsque j'y étais avec Manuel, Thiers et Mignet. M'y trouvant seul, il m'est arrivé de le quitter pour aller, à travers la forêt, dîner dans un restaurant de Saint-Germain. Je n'ai pas oublié que dans cette demeure royale, où cependant on montre encore la chambre que Voltaire a longtemps habitée, je n'ai jamais pu faire un seul couplet. Je ne suis pas né pour les châteaux : c'est peut-être ce qui me rend injuste pour Mansart, qu'en faveur des mansardes je devrais cependant aimer beaucoup. » (*Ma Biographie*, p. 184.)

C'est Mansart, comme on sait, qui a inventé cette sorte de couverture brisée qui a pris de lui le nom de mansarde.

par malheur, un esprit artiste. Nous avons raconté
plus haut à quelles mains inintelligentes il confia
les restaurations qu'il eut à faire exécuter au château. C'est à peine si nous avons osé dire que,
dans les salles où les lambris demandaient à être
renouvelés, il fit remplacer le bois sculpté par des
papiers peints. Encore ceci n'était-il rien; on a pu
arracher ces tentures bourgeoises, et rendre à leur
style ces salons déshonorés. Mais, hélas! le lecteur
se souvient-il qu'en commençant la description du
château nous avons passé devant ce qui reste des
écuries d'autrefois, nous promettant d'y revenir
plus loin? C'est là qu'est le dommage irréparable.

Pour ces écuries, Mansart avait demandé à l'architecture et à l'ornementation sculpturale leurs
plus exquises recherches. — Robert de Hessein,
dans son *Dictionnaire de la France*[1], dit que c'é-
tait « un magnifique bâtiment avec un avant-corps
formé de six colonnes et terminé dans le milieu
par une rotonde; le tout orné de pilastres doriques et de trophées. »

D'Argenville[2] complète cet aperçu, en nous ap-
prenant que le bâtiment avait onze croisées de

[1] Paris, 1771.
[2] *Voyage pittoresque des environs de Paris.*

face, et qu'il se terminait par deux pavillons à pans, avec des portes grillées, ornées de trophées et de consoles. « Le milieu, ajoute-t-il, forme un avant-corps de six colonnes qui portent autant de vases, et est surmonté d'un attique avec une lanterne où est l'horloge. Dans le centre de cet avant-corps, quatre pilastres composites font une rotonde couronnée d'un fronton et accompagnée d'une coquille et de trophées. On a sculpté des chiens sur le retable de la principale croisée. Un trophée soutenu par des lions et trois chevaux à mi-corps font le couronnement de la fenêtre du milieu du rez-de-chaussée[1].

Ces belles écuries étaient demeurées intactes jusqu'à M. Laffitte. Qui donc put le décider à les démolir? Ce qui le porta à enlever les rampes en fer à cheval qui montaient de la Seine au château; ce qui le porta plus tard à déshériter la propriété de son grand parc, — le besoin d'argent, lorsque la spéculation de la monarchie de Juillet

---

[1] Ce bâtiment se trouvait dans la seconde avant-cour. Dans le projet de Mansart, la cuisine et les offices devaient lui servir de pendant. De cette dernière construction, il n'y eut jamais d'élevé que le portique du milieu. Elle offrait, à ce qu'on rapporte, un caractère peu décidé, et, au premier abord, on pouvait la prendre pour une chapelle.

se fut traduite par un mécompte dans son ambition, par un déficit dans sa caisse. Un ventre af-
famé n'a pas d'oreilles ; un banquier besoigneux
devant un chef-d'œuvre est aveugle et vandale ;
le plus beau palais n'est plus pour lui qu'une
superposition de pierres dont il trouve à faire
ressource.

Seule, de toutes les curiosités de cet édifice, la
grotte rocaille qui servait d'abreuvoir aux chevaux
a trouvé grâce devant le marteau de M. Laffitte.
Elle est faite de cailloux et de ciment avec un
revêtement intérieur de coquillages. Ça n'avait
pas de valeur pour les marchands de pierres.

Au point de vue des fantaisies de l'architecture,
et pour les artistes, il n'en est pas de même. Il y
a dans cette grotte tels dessins qui étonnent, quand
on songe que les contours, la couleur et les lumières sont obtenus avec des coquilles ajustées
comme des pierres de mosaïques. L'ornementation naturellement est appropriée à la destination
de la grotte ; ce sont, de distance en distance, des
têtes de chevaux, puis des naïades et des tritons
soufflant à pleines joues dans des conques par
où, probablement, s'échappaient des jets d'eau qui
retombaient dans l'abreuvoir ; le tout ressort sur

un fond de coquilles dont les arabesques, de différentes nuances, s'encadrent dans des lignes d'architecture également formées par des coquillages.

Pour que ce genre de décor eût une valeur ar-
tistique, il fallait qu'il fût lui-même une science.
C'en était une en effet dont les modèles, chez nous,
existaient au château de Saint-Germain, et dont
l'inventeur était un Italien nommé Francini, que
Marie de Médicis, femme de Henri IV, avait fait
venir de Florence.

Ces grottes, qui sont décrites dans le manuscrit
de Guéroult [1], ont subsisté dans leur état jusqu'en
1649; les troubles de la minorité éclatèrent alors,
— et, faute d'argent pour les entretenir, elles se
détériorèrent au point de disparaître compléte-

[1] « Toute cette grotte était, ainsi que le salon, délicatement enrocaillée
de beaux et fins coquillages employez avec tant d'adresse, qu'ils y offroient
toutes sortes de figures au naturel, comme satyres, monstres marins, ani-
maux, oiseaux, plantes et feuilles de plusieurs façons. L'architecture et la
sculpture y étoient aussi bien observées ; ajoutez encore à ces rocailles des
grotesques d'où découloient en quantité des nappes, bouillons et jets d'eau
qui mouilloient bien quelquefois les spectateurs s'ils n'en étoient prévenus
auparavant.

« ....Henri IV et Marie de Médicis, son épouse, n'avoient rien épargné
pour l'entière perfection de ces grottes. Ils avoient fait venir de Florence
à ce sujet le sieur de Franciny. » (Guéroult, *Antiquités de Saint-Germain*,
manuscrit de la bibliothèque impériale du Louvre.)

ment. Mansart put donc s'en inspirer heureusement, pour donner un style original à l'abreuvoir
des écuries de Maisons, qu'il construisait en ce
moment.

C'est en 1834 que M. Laffitte conçut le projet
de faire du grand parc ce qu'il appela la colonie
de Maisons. Les cinq cents hectares de ce parc furent divisés en portions de neuf cents mètres, avec
une réserve de deux cent cinquante hectares pour
promenades. La spéculation réussit; c'est la seule
excuse à cette affligeante mutilation.

Bientôt s'élevèrent, sur leurs neuf cents mètres
de terrain, ces petites constructions qui ressem-
blent, — pour les esprits moroses, — aux con-
cessions à perpétuité d'un Père-Lachaise des vi-
vants, et qui n'en sont pas moins, à l'heure qu'il
est, la villégiature très-joyeuse de la Bourse et de
l'Opéra.

M. Laffitte mourut en 1844; ses héritiers gar-
dèrent le château jusqu'en 1849; et c'est alors,
comme nous l'avons déjà dit, que M. Thomas, de
Colmar, en devint acquéreur.

Mais ici, nécessairement, s'arrête cette monogra-
phie. Pour ceux qui nous ont lu et qui ont pu s'in-
téresser au château de Maisons comme à l'un des

plus purs monuments de l'art français, nous ajouterons un seul mot qui les rassurera sur le sort du chef-d'œuvre de Mansart, — c'est que, si le passage de M. Laffitte à Maisons fut un temps de barbarie pour le château, avec le dernier propriétaire l'heure de la renaissance semble avoir sonné.

En effet, par l'entretien qu'il reçoit actuellement, le château revêt un air de jeunesse; les parterres ont reverdi, et les grandes avenues ont comblé les vides dans leurs rangs éclaircis. Un dessin nouveau, des pelouses bien conduites à travers des percées d'arbres, un chalet, à mi-côte, loin du château qui ne peut l'apercevoir, ont apporté d'heureux changements au petit parc, dont les dimensions paraissent ainsi plus grandes [1]. En

[1] « M. Thomas, de Colmar, avec l'aide de M. Duvillers-Chasseloup, architecte paysagiste, a fait du parc du château de Maisons l'une des plus jolies résidences des environs de Paris.

« Tout était à créer ou à refaire dans ce parc. M. Laffitte, qui l'avait employé surtout à des essais de culture d'indigo, y avait fait peu de travaux d'embellissements. Il y restait cependant d'antiques allées de marronniers qui reliaient le château à la grande avenue principale de l'ancien parc, devenue aujourd'hui publique.

« Il est de principe que, dans l'arrangement des jardins et des parcs, il faut toujours chercher à conserver les grands arbres, qui seuls peuvent donner à la propriété un aspect grandiose et en quelque sorte seigneurial;

ses allées on dépose l'étiquette, que, quoi qu'on en ait, les solennités des alentours du château imposent. On est aux champs pour soi, en ce frais endroit. Là-bas, il nous manquait des talons rouges; ici, la veste de toile et le chapeau de paille sont à leur aise. C'est, de ce côté, la campagne à la mesure de nos mœurs modernes, sans que le caractère de la propriété ait été altéré; l'accord est heureux; il était nécessaire, car, avant tout, on est de son siècle pour les habitudes de la vie.

Nous ne disons rien des communs, des potagers, de l'orangerie, des écuries, de l'étable et de la basse-cour; ils répondent à ce qu'on est en droit

Mais il y avait ici une sérieuse difficulté à vaincre : les lignes droites que forment les avenues plantées dans le siècle dernier s'accordent mal avec le système de jardins actuellement à la mode, que l'on désigne sous le nom de jardins paysagers ou de jardins anglais. Nos lecteurs reconnaîtront sans doute que c'est avec un rare bonheur que M. F. Duvillers a réussi dans cette entreprise.

« En A est l'entrée principale du parc; les voitures, après avoir laissé le potager sur la gauche, arrivent dans la cour d'honneur J par deux grandes avenues plantées de marronniers qui longent des deux côtés une pelouse de trois hectares et demi, au milieu de laquelle existe un immense bassin C. A droite et à gauche du château E existent des parterres en dessins de broderie, entourés de plates-bandes couvertes de fleurs. Au sud s'étend une seconde pelouse, encadrée dans des parterres et des plates-bandes dont le dessin s'harmonise avec celui de l'entourage du château;

d'en attendre pour la beauté, la tenue et le confortable ; — mais, comme toutes les choses utiles,
c'est le côté sous-entendu.

Au milieu de cette pelouse est creusé un grand bassin D, orné de huit vas-
ques d'où s'échappe une abondante nappe d'eau. Une double allée d'une

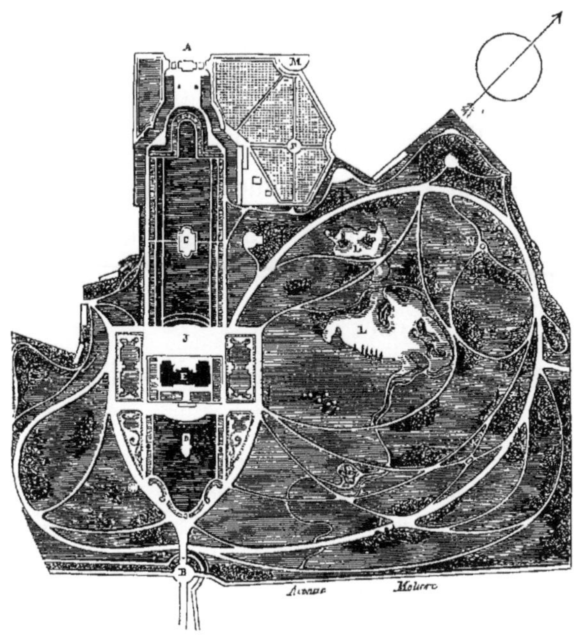

Plan du parc de Maisons.

largeur de quatre mètres fait le tour des parterres et vient aboutir en B à
un pont de fer à trois arches qui relie le parc à la route et au pont jeté
en cet endroit sur la Seine.

« Sur divers points des parterres débouchent de longues allées qui vont

L'an passé, le comice agricole de Seine-et-Oise fut fêté par le propriétaire de Maisons. Les pelouses étaient illuminées, les girandoles de toutes couleurs couraient d'un arbre à l'autre; il y eut feu d'artifice. La foule, qui avait accès sur le parterre, regardait passer devant les fenêtres, étincelantes de lumières, la silhouette rapide des femmes en grande toilette; la danse était menée dans la galerie, et la musique avait des échos partout. Malgré soi l'on se reportait aux galas de 1652. Si le président René de Longueil eût pu revenir, ce soir-là, sur cette terre, nul doute que, après s'être un instant frotté les yeux, il ne se fût dit : « Mais je suis ici chez moi! »

Il y a de certaines possessions qui obligent; et

parcourir tout le parc en décrivant des courbes gracieuses à travers d'immenses pelouses ; deux pièces d'eau L, L, alimentées par des cascades élevées, sont parsemées d'îlots et de presqu'îles dont les uns sont couverts d'arbres et les autres servent de parterre; rien n'est plus gracieux que ces corbeilles de fleurs placées au milieu de l'eau. L'allée principale, qui passe sous le pont placé en B, a cinq kilomètres de longueur sur cinq mètres de large. A chaque pas, en la parcourant, on découvre de nouveaux points de vue habilement ménagés : le clocher de Sartrouville, Cormeilles, le village de Maisons, le moulin placé sur la rivière, le chemin de fer, Marly, Saint-Germain, etc., s'offrent tour à tour aux regards des promeneurs. Les allées secondaires conduisent à travers les bosquets à des chalets, des kiosques, des cascades et des grottes placées en surprise. »

(Revue horticole, 1858.)

les arts ne peuvent que remercier les propriétaires comme M. Thomas, de Colmar, qui com-
prennent qu'ils sont en même temps les conser-
vateurs honoraires, pour la gloire de la France,
des précieux monuments que la fortune a mis
entre leurs mains.

FIN.

APPENDICE

ANTIQUITÉ DE LA SEIGNEURIE DE MAISONS

Les auteurs qui se sont occupés des origines de Maisons font remonter la fondation de ce village au sixième siècle. Ils parlent d'une migration de pêcheurs venus, par la Seine, des colonies de Conflans, Andresy, Poissy et autres lieux circonvoisins, et que les hasards d'une navigation de cinq lieues de rivière auraient amenés à l'endroit où s'élève aujourd'hui le pont de Maisons. Le poisson s'y trouvant abondant, ces hardis explorateurs y résolurent un établissement, qui, éloigné comme il était de tout centre de population et ne pouvant espérer faire échange de ses produits, dut bientôt reconnaître que, pour bons que soient la tanche ou le barbillon, ils ne sont excellents qu'à la condition d'en varier l'ordinaire avec d'autres aliments, et ne tarda pas à devenir agricole. Le marinier ne connaît d'autre sol que le plancher de sa barque, il démarre au premier vent et file au cours de l'eau ; mais l'homme qui songe à semer, au premier coup de bêche est enchaîné à la terre. Une fois ce coup de bêche donné sur sa colline, Maisons était fondé. Les antiquaires ont souvent un sérieux qui fait sourire.

Un siècle après, la colonie nouvelle avait un chef dont les chartes ont conservé le nom. Il s'appelait Jehan Lovère, et, pour l'histoire, ce personnage est le premier seigneur de Maisons. L'origine de la seigneurie de Maisons remonterait donc au septième siècle.

Mais laissons parler M. de Kelle, qui, dans une notice sur Maisons-Laffitte, cite des textes qui rendent la première partie de son travail très-précieuse pour notre sujet :

« Vers le commencement du sixième siècle, de simples pêcheurs fondèrent un village sur les bords de la Seine. Dans leur position, éloignés de toute ville d'approvisionnement, force leur fut de devenir cultivateurs. Pendant un siècle, l'accroissement ne devait pas avoir été d'une progression marquée, car il est dit, dans un manuscrit bénédictin relatif à l'érection d'un prieuré de cet ordre dans le village : « *Erit prior in pagum cujus fines sunt parvæ in quo do-* « *mus velque casæ non sunt numerosæ.* Il existera un prieuré « dans un village dont les limites sont exiguës, dont les « maisons ou plutôt les cabanes sont peu nombreuses. »

« A Colombes, il existait depuis longtemps un couvent de moines bénédictins, que leur costume faisait commu-

nément appeler moines noirs. La religion alors était flo-
rissante, et les seuls hommes en état d'apprécier et de
juger mûrement étaient sans contredit les moines et surtout les bénédictins. La noblesse, à cette époque, se glori-
fiait de son ignorance, puisqu'en cette qualité de noble on
déclarait ne pas savoir signer, qu'une croix ou que le scel
du pommeau de l'épée était le seul signe apposé au bas
d'un acte par ceux qui n'étaient pas roturiers. L'ordre
des bénédictins anoblissait ceux qui en faisaient partie.
Chaque religieux faisait précéder son nom du mot *dom*,
de *dominus*, seigneur.

« L'abbaye de Colombes s'étant accrue d'un grand nombre de religieux, l'abbé, après avoir trouvé « le bourg à
« la population peu nombreuse et composée de quelques
« cabanes, » envoya vers le seigneur de Maisons pour lui
demander la permission d'élever un prieuré sur sa terre.
Jehan Lovère, alors seigneur de Maisons ainsi que le constate une charte transcrite tout au long dans un supplément
manuscrit à l'histoire de dom Calmin, accorda non-seule-
ment la permission, mais il voulut, de plus, entrer pour
moitié dans les frais d'édification du monastère; il ne demanda qu'une messe dite à son intention tous les ans, au
jour de Pâques. Deux années après l'entier achèvement du
monastère, Jehan Lovère mourut (761).

« Depuis cette époque (761) jusqu'en 1087, il existe une
lacune.

« La charte qui suit nous indique que Geoffroy Nivard
était l'un des successeurs et parent de Jehan Lovère :

« De l'ère de Notre-Seigneur Jésus-Christ, la mil quatre-
« vingt-septième, du règne de notre bien-aimé roi la vingt-

« septième, j'ai, moi, seigneur de Maisons, reconnu aux
« religieux du prieuré établi en notre seigneurie les legs
« à eux faits par mon aïeul, et octroie, en présence de
« mes enfants Geoffroy et Adèle, et du consentement d'i-
« ceux majeurs, pour toujours, la dixième partie de nos
« droits d'acquêts, péages, pontonnages, travers et bacs,
« qui nous sont dus depuis la seigneurie du Pecq jusqu'à
« Poissy. Signé Geoffroy Nivard, et plus bas Geoffroy Ni-
« vard, Adèle Nivard ; et plus bas est apposée, à côté du
« sceau, la signature du roi. »

« Nivard et son fils se croisèrent ; le seigneur de Maisons mourut en Palestine en l'an 1110. Geoffroy revint
alors dans son domaine de Maisons, et, en 1120, il épousa
demoiselle Louise de Puyehnet, de l'Anjou, famille dont
on ne connaît pas de descendants. La joie qu'il éprouvait
de son mariage fut troublée par un grand sujet de douleur : sa sœur, Adèle Nivard, tomba morte au milieu de
toute l'assistance pendant la cérémonie. De son mariage
avec demoiselle Louise de Puyehnet, le sieur de Maisons
eut deux fils qui moururent sans avoir atteint l'âge de raison ; l'aînée de ses enfants, demoiselle Jeanne Nivard,
épousa Robert de Pexe, qui, à l'occasion de son mariage,
confirma la charte de 1087, en y ajoutant les droits qu'il
avait à percevoir sur les bateaux montants et descendants
jusqu'à Poissy (1160). Robert mourut dans un âge très-
avancé, laissant comme successeur dans la seigneurie de
Maisons son fils, Robert de Pexe, qui ne se maria pas
(1218).

« Robert de Pexe avait assisté à la bataille de Bouvines,
que gagna Philippe-Auguste, à la tête de ses fieffés et de

ses communes, et qui, « après une brève oraison à Notre-
« Seigneur, se fit armer hâtivement, saillit sur son destrier
« en aussi grande liesse que s'il dût aller à une noce ou à
« une fête, et lors commença-t-on à crier : Aux armes, ba-
« rons! aux armes! »

« La seigneurie de Maisons, à la mort du fils de Robert,
passa à son frère (1225), Philippe-Robert de Pexe, qui, en
1229, prit parti pour cette reine qui était « de pays
« étrangé, et qui demoura sans nuls parens ne amis
« entre tout le royaume de France. »

Philippe-Robert de Pexe périt dans un engagement avec
les Anglais.

Son fils, Philippe de Pexe, épousa, en 1235, demoiselle
Anne de Berthemont, qui ne lui laissa pas d'enfants; il
légua son domaine de Maisons à son neveu Jean de Berthemont, qui joignit ses armes à celles des de Pexe et prit
le nom de Berthemont de Pexe (1295).

« En 1373, une créature du roi Jean, le chevalier Aunay, seigneur de Poissy, était en même temps seigneur
de Maisons [1]; ce fut vers 1375 qu'un miracle vint donner
quelque célébrité au prieuré de Maisons, qui était placé
sous l'invocation du prélat qui, à l'exemple de saint Am-
boise, ne craignit pas d'humilier un prince; je veux parler
de saint Germain, évêque de Paris, qui excommunia Ca-
ribert à cause de ses débordements et de sa luxurieuse
conduite. Le prieuré de Maisons était composé de vingt
moines. Parmi les religieux, dit un manuscrit de dom Cal-

---

[1] Dulaure dit aussi : « En 1373, la seigneurie de Maisons appartenait à un
chevalier de la famille des Aunay, seigneur de Poissy; ce hameau dépendait
alors de Sartrouville, qui n'en est séparé que par la Seine. »

min, il en était un qui avait perdu, depuis sa plus tendre enfance, l'usage de la parole ; lorsque son tour de dire l'antienne était venu, ce religieux la disait mentalement. Un dimanche, à vêpres, son tour étant venu, il entonna d'une voix forte et vibrante. Grand fut, on le comprend, l'étonnement des autres religieux, qui, au mépris des règles de l'ordre, suspendirent l'office, l'entourèrent en le félicitant. « Mes frères, leur dit-il, je dois ce bienfait à la miséricordieuse bonté de Dieu, mais aussi à l'intercession du bienheureux patron de notre monastère. » Le fait eut du retentissement, et, pendant un mois, ce furent des processions venant des pays environnants adorer les reliques du pieux évêque.

« Après la famille des Aunay, ajoute M. de Kelle, une ramification de la branche des de Marcilly d'Auxonne posséda Maisons ; ce fut par l'alliance de Philippe de Marcilly avec une petite nièce du chevalier Aunay, mariage qui se contractait en 1575. Dix ans plus tard, de Marcilly vendait la seigneurie de Maisons à Jean de Longueil, conseiller du roi en ses conseils, doyen de la chambre des comptes. »

Mais ici nous ne pouvons plus être d'accord avec l'auteur de la notice. A cette date de 1575, la seigneurie de Maisons était déjà dans la famille de Longueil ; elle y était depuis 1390. Nous l'avons établi dans notre premier chapitre, en nous appuyant sur des autorités incontestables : la *Généalogie* de Blanchard, où nous voyons, depuis Jean Longueil (1390), tous les descendants de la ligne directe porter le titre de seigneurs de Maisons, et l'inventaire des titres de Maisons [1], qui mentionne deux actes, entre autres : l'un du 14 octobre 1460, par lequel Jean de Longueil achète d'Antoine Fouleuse la moitié de la terre, seigneurie, fiefs et arrière-fiefs et autres droits de Maisons ; et l'autre, du 8 octobre 1541, qui contient partage, entre le seigneur de Maisons et le coseigneur de cette terre, de tous les prés, jardins et autres objets qu'ils possèdent en commun dans cette terre.

Ce n'est pas à dire cependant que la notice soit complétement dans l'erreur. — Dans une note, page 11, à laquelle nous renvoyons le lecteur, — on a vu qu'en 1603 la propriété de la demeure seigneuriale de Maisons était encore indivise. Il est probable que chacun des propriétaires, pour la part qui lui revenait dans ce domaine, se croyait en droit de prendre le titre de seigneur de Maisons, et le prenait. De là, la confusion. M. de Marcilly, en 1585, vendait sa part de seigneurie à M. de Longueil, et non, comme le texte de la notice le laisse supposer, la seigneurie tout entière, que le doyen de la cour des comptes tenait de ses ancêtres depuis cinq générations.

Les dépendances de Maisons comprenaient les terres, fiefs et seigneuries de Vaux, la Vaudoire, Mesnil-Leroy, Conflans-Sainte-Honorine. Les lettres d'érection des terres et seigneuries de Maisons en marquisat (1658) mentionnent encore les fiefs Coulon, Montdidier, Garentière,

---

[1] Inventaire des titres de Maisons, fait par Gauchez, le 16 novembre 1769, par ordre de messire Louis-Armand de Seiglière de Belleforière, chevalier, marquis de Soyecourt. (*Archives impériales.*)

Betement, Lagny, la Bertine, Chappouval et Ripeau; les terres et seigneuries d'Aigremont, de Montaigu; fief le Tellier, de la grande et petite Tasse-aux-Noyers, des Ventes-d'Herblay en la forêt de Creuze.

Dans les papiers relatifs à Maisons, déposés aux archives, nous trouvons un contrat, à la date du 8 avril 1768, par lequel le marquis de Soyecourt donne le greffe des justices, terres et seigneuries de Maisons, Mesnil-Leroy, Vaux et la Vaudoire, avec leurs circonstances et dépendances, à Warnet, notaire à Maisons, en remplacement du sieur Bucquan, décédé, à la charge de lui payer annuellement trente livres.

Le 7 octobre 1774, le marquis de Soyecourt donne à ferme le notariat et le tabellionage de la terre et seigneurie de Maisons et le droit de voyerie, qui lui appartient comme seul seigneur et haut justicier desdites terres au même Warnet, au prix de quatre-vingt-dix livres.

Pour les dépendances de Maisons, terre et château de Vaux, Mesnil, Conflans-Sainte-Honorine, les seigneurs de Maisons, depuis l'an 1469, ont toujours rendu foy et hommage au roi. Ces actes de foy et hommage, souvent renouvelés, et aujourd'hui conservés aux archives, portent les dates du :

17 juin 1469;

18 avril 1485;

13 décembre 1498;

22 juin 1518;

13 septembre 1602 (foy et hommage de Jean de Longueil, père de René, le fondateur du château).

24 mai 1685 (foy et hommage de Jean de Longueil, président à mortier et chancelier de la feue reyne-mère).

Le suivant, du 16 mars 1730, concerne le dernier marquis de Maisons et est ainsi conçu :

« Aujourd'huy, seizième jour de mars mil sept cent trente, s'est présenté en personne par-devant nous, Henry François Daguesseau, chevalier, chancelier de France, Jean René de Longueil, marquis de Maisons, président à mortier au parlement de Paris, et s'étant mis en devoir et posture de vassal, a fait et rendu en nos mains les foy et hommage qu'il étoit tenu de rendre au roy, notre souverain seigneur, pour raison du marquisat de Maisons, ses appartenances et dépendances, situé dans la prévosté de Paris, relevant de Sa Majesté à cause de son château du Louvre, et a promis de l'acquitter envers ledit seigneur roy de tous les droits et devoirs de vassalité dont il est tenu à cause dudit marquisat. Dont nous avons octroyé audit sieur de Maisons le présent acte, sur lequel toutes lettres nécessaires seront expédiées, en foy de quoy nous avons signé ces présentes de notre main et icelles fait apposer le cachet de nos armes et contre-signer par notre premier secrétaire, à Paris, les jour et an que dessus,

« DAGUESSEAU.

« Par Monseigneur :

« DELAFONTAINE. »

‹ Foy et hommage du 24 mars 1730.

« Louis, par la grâce de Dieu, roy de France et de Navarre, à nos amés et féaux conseillers les gens faisant notre chambre des comptes à Paris, salut. — Notre amé et féal le sieur Jean René de Longueil, marquis de Maisons, président de notre cour de parlement à Paris, nous ayant fait et rendu en personne, le seize du présent mois et an, ès mains de notre très-cher et féal le sieur Daguesseau, chevalier, chancelier de France, suivant l'acte cy-attaché sous le contre-scel de notre chancellerie, les foy et hommage qu'il étoit tenu de nous rendre pour raison du marquisat de Maisons, ses appartenances et dépendances, situé dans notre prévosté de Paris, mouvant et relevant de nous à cause de notre château du Louvre, nous avons de notre grâce spécialle reçu et recevons ledit sieur de Longueil, marquis de Maisons, audit foy et hommage, sauf notre droit et l'autruy. — Vous mandons que si, faute dudit foy et hommage et droits non payés, ledit marquisat de Maisons, ses appartenances et dépendances se trouvoient saisis et arrestés, vous ayez à en faire comme nous en faisons audit sieur de Maisons pleine et entière mainlevée à la charge par luy de satisfaire aux droits et aux devoirs si aucuns sont dus et si fait n'a esté, et de fournir ses aveux, déclarations et dénombrements dans le temps porté par la coutume, *car tel est notre plaisir.* — Donné à Versailles,

le vingt-quatrième jour de mars, l'an de grâce mil sept
cent trente, et de notre règne le quinzième.

« Louis.

« Par le Roy en son conseil :

« Fainson. »

Deux actes de foy et hommage rendu par M. de Soyecourt sont encore conservés : le premier est du 20 décembre 1764; l'autre, du 19 décembre 1776.

LISTE

DES OUVRAGES CONSULTÉS POUR CE VOLUME

LIVRES CONCERNANT LA FAMILLE LONGUEIL, SES ORIGINES ET CELLES DE LA SEIGNEURIE DE MAISONS.

Les *Présidents de Blanchard.*

Mémoire généalogique sur et contenant les véritables origines de MM. du Parlement, par d'HOZIER (Mss. de la Bibl. imp. du Louvre.)

Mémoires sur les vies, mœurs et les bonnes et mauvaises qualités des membres du Parlement de Paris. (Mss. de la Bibl. imp. du Louvre.)

Mémoires de Mme DE MOTTEVILLE.

Mémoires du père BERTHOD.

Mémoires de Mlle DE MONTPENSIER.

Mémoires de VALENTIN CONRARD.

*Mémoires d'*OMER TALON.

Mémoires du cardinal DE RETZ.

Mémoires de la duchesse DE NEMOURS.

Mémoires de SAINT-SIMON.

Correspondance de GUY-PATIN.

TALLEMANT DES RÉAUX.

La *Muse historique de* LORET.

Gazette de France, de 1643 à 1731.

Éloge du président Maisons (Jean-René Longueil), par Fontenelle, membre de l'Académie des sciences, 1731.
Dictionnaire historique et géographique de l'abbé Expilly.
Saint-Germain-en-Laye et ses environs, par M. Beauregard.
— 1836.

LIVRES CONCERNANT MANSART ET LE CHATEAU DE MAISONS.

Éloge de Fr. Mansart, par Ch. Perrault. — *Éloges des hommes
illustres*, t. 1er.
Éloge du même, par l'abbé Lambert, dans son *Histoire litté-
raire*, t. III.
Recueil de la vie et des ouvrages des plus célèbres architectes,
par Félibien. — 1687. Paris, in-4°.
Vie des fameux architectes depuis la renaissance des arts, par
Dezalier d'Argenville. — 1787. Paris, 2 vol. in-8°.
*Histoire de la vie et des ouvrages des plus célèbres architectes
du onzième siècle jusqu'à la fin du dix-huitième*, par M. Qua-
tremère de Quincy. — 1830. Paris, 2 vol. in-8°.
Histoire de la ville et du diocèse de Paris, par l'abbé Lebœuf. —
1754.
Description de Paris et de ses environs, par Piganiol de la
Force. — 1765.
Gueroult. — *Antiquités de Saint-Germain-en-Laye et ses envi-
rons*. (Mss de la Bibl. imp. du Louvre.)
Voyage pittoresque des environs de Paris, par d'Argenville. —
Paris, 1755.
Dictionnaire de la France, par Robert de Hessein. — Paris,
1771.
Paris et ses alentours à plus de trente lieues à la ronde, par
Dumame. — Paris, 1818.
Mes voyages aux environs de Paris, par Delort. — Paris, 1821.
Histoire de la ville et du château de Saint-Germain-en-Laye,

suivie de recherches historiques sur les dix autres communes du canton, par M. Goujon. — In-8°. 1829.

Histoire des environs de Paris, par Touchard-Lafosse.

Léon de Laborde. — *Le Palais Mazarin et les habitations de ville et de campagne au dix-septième siècle.* — 1846.

Girault de Saint-Fargeau. — *Dictionnaire des communes de France.* — Firmin Didot. Paris, 1845.

Les *Environs de Paris*, par Dulaure.

Mémoires inédits sur les membres de l'Académie de peinture et de sculpture. — Paris. 1854.

Biographie universelle. — Aux différents noms cités dans le volume.

*Anecdotes sur M*me *Dubarry.* — Londres, 1775 (Pidansat de Mairobert).

Correspondance de Voltaire.

Vie militaire de J. Lannes, maréchal de l'Empire, duc de Montebello, par René Perrin. — In-8°. 1809.

Histoire de la Restauration, journaux du temps.

Ma Biographie, par P. J. de Béranger.

Papiers relatifs aux différentes transactions des divers propriétaires du château de Maisons. — Aux Archives impériales de la couronne et aux Archives de Versailles

FIN DE L'APPENDICE.

TABLE DES MATIÈRES

CHAPITRE III

Le Château.

CHAPITRE IV

M. de Longueil surintendant des finances, marquis de Maisons.

CHAPITRE V

Jean de Longueil et Claude de Longueil.

CHAPITRE VI

Jean-René de Longueil. — Voltaire au château.

CHAPITRE VII

Le marquis de Soyecourt. — Le comte d'Artois.

CHAPITRE VIII

La Révolution. — Le citoyen Lanchère.

CHAPITRE IX

**Le maréchal Lannes. — M. Jacques Laffitte.
M. Thomas, de Colmar.**

FIN DE LA TABLE DES MATIÈRES.